Albert EinStein
EinStein
Albert EinStein
EinStein
Albert EinStein
Albert EinStein
EinStein
Albert EinStein
EinStein
Albert EinStein
EinStein
EinStein
Albert EinStein
EinStein
EinStein

시간을 훔친 알베르트

시간을 훔친 알베르트

2011년 4월 15일 중판 2쇄 발행

글쓴이 한국독서교육연구회
그린이 박승원

펴낸이 김경희
펴낸곳 (주)도서출판 아테나
표지·본문디자인 황인옥
주소 서울시 마포구 서교동 395-166 서교빌딩 601호
편집 (02)2268-6042 | Fax (02)2268-9422
홈 페이지 http://www.athenapub.co.kr
E-mail bookjjang@hanmail.net
등록 1991년 2월 22일 제 2-1134호

ⓒ 아테나
ISBN 978-89-91494-69-5 73990

이 책의 저작권은 (주)도서출판 아테나에 있습니다.
이 책 내용의 일부 또는 전부를 사용하려면 반드시 저작권자의 서면을 통한 동의를 얻어야 합니다.
책값은 뒤표지에 있습니다. 잘못된 책은 바꾸어 드립니다.

시간을 훔친 알베르트

Albert Einstein

한국독서교육연구회 글 박승원 그림

아테나
Athena

머리말 : 시간과 공간의 개념을 바꾼 알베르트 아인슈타인

오늘날을 우주 시대라고 부릅니다.

달나라에 사람이 다녀왔고, 우주 왕복선을 타고 본격적인 우주 여행도 시작되었습니다.

우리 인류가 이런 우주 시대를 맞이하게 된 것은 아인슈타인이라는 뛰어난 과학자가 있었기 때문입니다.

아인슈타인은 '근대 과학의 아버지'라고 불리우는 뉴턴의 운동 법칙에서 벗어나 새로운 사차원의 세계를 알아 낸 사람입니다.

오늘날 가장 위대한 과학자로 존경을 받는 아인슈타인이지만 그의 일생은 그리 평탄하지 않았습니다.

가난한 유태인의 가정에 태어나 다른 아이들보다 말도 늦게 배우고 더듬거리기까지 해서 사람들로부터 좀 모자라는 아이라고 놀림을 받았습니다.

학교 공부에도 흥미를 느끼지 못하고 늘 선생님으로부터 꾸중을 듣는 아인슈타인에게 친구들은 '얼간이 유태인'이라는

별명을 붙여 주었습니다.

그런데 이 얼간이 유태인이 아무도 생각하지 못한 사차원의 세계를 발견해 낼 줄은 아무도 몰랐습니다.

그럼, 아인슈타인은 과연 천재로 태어났을까요? 아닙니다. 아인슈타인은 무지무지한 노력가였습니다. 아인슈타인이 '상대성 이론' 이라는 논문을 쓸 때에는 거의 잠시도 쉬지 않고 연구에 연구를 거듭하였습니다. 그가 얼마나 연구에 몰두했었는가는 일을 마친 후 거의 50일 동안 꼼짝도 못하고 자리에 누워 있었다는 사실만으로도 잘 알 수 있습니다.

우리 어린이들 또한 '아인슈타인' 이란 이름과 '상대성 원리' 에 대해서는 많이 알고 있지만, 정작 아인슈타인이 어떤 일을 했으며, 그가 펼쳐놓은 과학의 세계가 이 세상에 어떤 변화를 가져왔는지는 잘 모르고 있습니다.

이제 '시간을 훔친 알베르트' 를 통해 아인슈타인이 어떤 삶을 살았는지 알아보아요.

contents:

머리말: 시간과 공간의 개념을 바꾼 알베르트 아인슈타인…08

| 첫번째 이야기 | 울름의 갓난아이…13
| 두 번째 이야기 | 말더듬이 알베르트…19
| 세번째 이야기 | 싸움은 정말 싫어요…27
| 네번째 이야기 | 유태인의 슬픔…35
| 다섯번째 이야기 | 저는 군인이 아니에요…45
| 여섯번째 이야기 | 막스 형과 과학의 신비…53
| 일곱번째 이야기 | 가족들과 헤어지다…61
| 여덟번째 이야기 | 아라우의 김나지움 학교…71
| 아홉번째 이야기 | 시간에 쫓기는 알베르트…81
| 열번째 이야기 | 스위스 국적과 특허국 일자리…89
| 열한번째 이야기 | 상대성 이론을 발표하다…99
| 열두번째 이야기 | 괴짜 교수…111
| 열세번째 이야기 | 전쟁의 상처…117
| 열네번째 이야기 | 노벨 물리학상을 받은 아인슈타인…127
| 열다섯번째 이야기 | 조국을 잃다…133
| 열여섯번째 이야기 | 4차원의 세계로 떠난 과학자…139

울름의 갓난아이

•••1879년 3월 14일의 어느 날이었습니다. 독일 남서쪽에 있는 평화롭고 아담한 도시 울름에서 작은 전기 수리점을 하고 있는 유태인 헤르만 아인슈타인이 싱글벙글하며 자신의 가게 안으로 들어섰어요.

"어, 형님, 기분이 좋아 보이네요. 무슨 좋은 일 있어요?"

수리점에서 일하고 있던 동생 야코브가 잠시 일손을 멈추고 형을 반겼습니다.

"있다마다, 드디어 너도 삼촌이 되었다. 네 조카가 태어났어!"

"옛! 조카가요? 하하하, 드디어 아기가 태어났군요. 아들이에요, 딸이에요?"

"아들이야. 네 형수 파울리네가 건강한 사내아이를 낳았다. 하하하!"

"형님, 축하드립니다. 그런데 아기 이름은 지으셨어요?"

"그럼, 알베르트라고 지었다. 어떠냐?"

"알베르트 아인슈타인, 참 좋은데요."

"그나저나 이제 아기도 태어났으니 장사가 잘 되어야 할

텐데……."

"잘 될 겁니다. 사람들이 아직 전기의 편리한 점을 몰라서 그렇지 차츰 나아질 거예요. 너무 걱정 마세요."

그 당시 독일에서는 과학이 대단한 인기를 끌고 있었습니다. 많은 과학자들과 기술자들이 과학 기술 발전에 온 힘을 쏟고 있었지요. 그 결과 오토바이와 자동차를 비롯한 수많은 발명품들이 독일에서 먼저 나오게 되었답니다.

이들이 하고 있는 전기 수리도 당시로선 아주 뛰어난 기술이었습니다. 그렇지만 사람들이 전기를 많이 사용하지 않았기 때문에 장사가 신통치 않았어요.

나중에 밝혀질 일이지만, 이들 형제가 이야기를 나누고 있는 1879년 그 해에 세계 역사에 영원히 기록될 엄청난 두 가지 사건이 벌어졌답니다.

한 가지는 약 8개월 뒤인 1879년 10월에 미국의 발명왕 에디슨이 전등을 발명하여 세상의 밤을 환하게 밝히며 전기의 시대를 연 것이고, 또 한 가지는 지금 이들이 이야기하고 있는 아기. 즉, 알베르트 아인슈타인이 세상에 태어난 것이랍니다.

오늘 태어난 이 갓난아이가 약 40여 년이 흐른 다음에는 수많은 과학자들이 그 동안 쌓아올렸던 많은 것들을 송두리째 바꿔 놓으며, 시간과 공간을 지배하게 될 줄 어느 누가 짐작이나 할 수 있었을까요?

미래의 시간을 가지고 태어난 알베르트의 아버지 헤르만 아인슈타인은 유능한 전기 기술자였지만, 성격이 명랑하고 놀기를 좋아해서 그다지 열심히 일하지 않았습니다. 그래서 벌이가 신통치 않아 늘 쪼들리는 생활을 했답니다.

하는 일이 잘 되지 않자 아인슈타인 일가는 알베르트가 태어난 이듬해에 울름에서 좀 떨어져 있는 뮌헨으로 이사를 했습니다.

뮌헨은 아주 크고 번화한 도시로 알베르트가 태어난 울름과는 비교도 되지 않았어요.

알베르트의 아버지와 삼촌은 뮌헨 변두리에 발전기와 아크등을 만드는 조그만 공장을 차리고 일꾼도 몇 사람 두었습니다. 하지만 이 공장도 그리 잘 되지 않아 곧 문을 닫고 말았어요. 그 후에도 알베르트의 아버지는 몇 가지 사업을 더 벌였지만, 번번히 실패하고 말았답니다.

그래도 헤르만 아인슈타인은 아무 걱정이 없는 사람처럼 늘 즐겁게 지냈습니다. 알베르트보다 두 살 어린 딸 마야가 태어나 가족들이 더 쪼들리는 생활을 해야 하는데도 알베르트의 아버지는 명랑한 얼굴로 즐겁게 시를 낭송하고 노래를 불렀습니다.

이렇게 어려운 집안의 살림을 꾸려 나가는 것은 어머니였습니다.

어머니 파울리네는 가난 속에서도 늘 웃음을 잃지 않고 집안을 화목하게 이끌어 나갔어요. 특히 어머니는 음악을 좋아해서 알베르트와 딸 마야에게 피아노와 바이올린을 가르쳤는데 나중에는 가족들이 모여 합주까지 할 수 있을 정도가 되었답니다.

훗날 알베르트 아인슈타인이 음악가 못지 않은 바이올린 연주 솜씨를 지니게 된 것도 다 이런 어머니를 둔 덕분이지요.

말더듬이 알베르트

・・・・**알베르트는** 그리 건강하고 쾌활한 아이가 아니었어요. 언제나 말없이 멍하니 앉아 있다가 누가 무언가를 물어볼 때에만 겨우 입을 열었습니다. 더구나 그렇게 가끔씩 하는 말도 제대로 하지 못하고 더듬거리거나 말의 순서를 뒤바꾼 채 하기 일쑤였습니다.

 알베르트의 이런 모습을 본 아버지와 어머니는 크면 나아지겠지 하며 별로 대수롭지 않게 생각했답니다.

 하지만 같은 또래 아이들이 온갖 말을 다 익히고 거침없이 이야기하는데도 알베르트의 말문이 제대로 트이지 않자, 은근히 걱정을 했어요.

"여보, 알베르트가 혹시……."

"혹시 뭐요?"

"혹시…… 알베르트가 보통 아이들보다 머리가 모자라는 저능아가 아닐까……해서요."

"에이, 무슨 말을 그렇게 해요? 걔가 어린애답지 않게 너무 많은 생각을 하기 때문에 그런 걸 가지고……. 좀더 두고 보면 분명히 알베르트가 똑똑한 아이라는 게 밝혀질 거요."

아버지가 이렇게 대수롭지 않게 생각하고 있는 까닭은 아버지의 편한 성격 때문만은 아니랍니다.

알베르트가 다섯 살이 되었을 무렵인 어느 날, 아버지가 다른 날보다 일찍 집에 돌아오셨어요.

"알베르트, 좀 어떠니?"

아버지는 침대에 누워 있는 알베르트의 이마를 짚어 보았어요.

알베르트는 며칠 전부터 감기에 걸려 자리에 누워 있었지요.

"열이 많이 내렸구나. 밖에 나가 놀지 못하니까 심심하지?"

"아, 아니오. 심심하지 않아요."

그 말을 끝으로 알베르트는 입을 꼭 다문 채 창 밖을 뚫어져라 쳐다보고 있었습니다.

"뭘 그렇게 골똘히 쳐다보고 있니?"

알베르트는 좀 심각한 표정을 짓더니 아빠에게 조용히 물었습니다.

"아빠, 왜 창문이 닫혀 있는데도 밖에서 나는 새 소리가 들려요?"

"글쎄, 그건 아빠도 생각해 보지 않았는데……. 아마 창문이 닫혀 있더라도 틈이 많이 있으니까 그 곳으로 밖에서 나는 소리가 들어오겠지?"

"소……소리는 조……조그만 틈만 있어도 들어올 수 있나요? 아주 멀리서 나는 소리도요?"

"글쎄……, 알베르트……. 그런 것보다 이건 어떠냐? 네가 심심할 것 같아서 아빠가 가져왔다."

알베르트의 질문에 난처해진 아버지는 윗도리 주머니에서 동그란 것을 꺼냈어요.

"그게 뭐예요? 시곈가요?"

아버지가 주신 것을 받아든 알베르트는 눈을 반짝이며 이리저리 살펴보았습니다.

"참 이상하네, 꼭 시계처럼 생겼는데……. 바늘은 분명히 하나 밖에 없는데……. 어! 아빠, 이 바늘은 이리저리 움직이다가 빨갛게 칠한 부분이 언제나 같은 곳을 가리키고 있어요. 왜 그런 거죠?"

"하하하, 그건 나침반이라고 하는 것이란다. 네 말대로 바늘이 항상 같은 곳을 가리키지. 바늘이 가리키는 쪽이 바로 북쪽이야. 그래서 나침반만 있으면 어떤 곳에서도 동서남북의 방향을 알 수 있지."

아버지의 말을 들은 알베르트는 바늘의 위치를 바꿔 보려는 듯이 나침반을 이리 저리 계속 돌려 보았어요.

"그런데 아빠, 왜 나침반 바늘은 언제나 북쪽을 가리키게 되는 걸까요?"

"그건……, 나침반 바늘이 자석이거든. 그리고 우리가 살고 있는 이 땅을 지구라고 하는데, 지구도 큰 자석과 같단다. 그 지구 자석의 강력한 힘이 나침반 바늘을 끌어당기고 있는 거지."

"자석끼리는 왜 끌어당겨요?"

"……, 알베르트, 그건 아빠도 잘 모르겠구나. 그런 것은 네가 커서 꼭 알아보도록 해라. 그리고 감기가 다 안 나았으니까 푹 쉬어야지."

아버지는 밖으로 나오면서 고개를 갸우뚱거렸습니다.

'그 녀석, 참! 처음엔 말을 더듬더니 나중엔 청산유수가 따로 없네. 허허허!'

이런 일은 아버지하고만 있었던 것이 아닙니다. 어머니나 삼촌도 알베르트의 끝없는 물음에 당황했던 적이 한두 번이 아니었어요.

"형님, 알베르트가 좀 이상하지 않아요? 별것도 아닌 것을 꼬치꼬치 캐 묻는 것을 보면 다른 아이들하고는 좀 다른 것 같은데, 신경쓰지 않아도 될까요?"

"맞아요, 여보. 다른 아이들은 다 알고 있는 일을 알베르트만 새삼스럽게 묻는 것을 보면 좀 모자라는……."

"질문이 많다는 것은 그만큼 생각이 깊다는 거니까 참 좋은 일인데, 사내 녀석이 너무 부끄럼을 많이 타. 난 그게 걱정이야. 좀 씩씩했으면 좋겠는데 말이야."

"그건 그래요. 하루 종일 제 동생하고 집에서만 놀고 밖에는 잘 안 나가요. 아마 말을 잘 못하니까 아이들이 놀리는 게 아닌지 몰라요."

"차츰 나아지겠지. 내가 가끔 씩씩한 군인들을 보여 주어야겠어. 그러면 저도 생각이 달라지겠지."

아버지와 어머니, 그리고 삼촌은 알베르트가 씩씩하게 자라 주길 바랐습니다.

싸움은 정말 싫어요

• • • 알베르트의 집은 뮌헨 교외에 있었는데 주변에 울창한 숲과 호수가 있어 경치가 아름다웠습니다. 알베르트는 여동생 마야와 함께 이 아름다운 자연 속에서 행복하게 자랐습니다.

어느 날 오후, 아버지가 손을 닦으며 공장에서 나오셨어요.

"자, 오늘 일은 끝! 우리 모두 놀러 가자!"

가족들과 놀기를 좋아하는 아버지는 일을 마치자마자 가족들을 불러 모으셨습니다.

"와-아! 신난다. 아빠, 오늘은 어디로 갈 거예요?"

"글쎄, 오늘은 좀 멀지만 호수 건너편으로 가 보자. 거기에 아주 맛있는 소시지와 맥주를 파는 음식점이 있단다."

포도주가 프랑스의 술이라면 독일의 술은 단연 맥주랍니다. 특히 독일에서도 뮌헨의 맥주는 맛이 좋기로 유명했지요.

알베르트네 가족은 모두 집을 나섰습니다. 즐겁게 이야기를 나누며 시내로 이어지는 큰길까지 왔을 때 많은 사람들이 길가에 모여 서서 큰 소리로 함성을 지르며 박수를 치고 있었어요.

"와-아, 독일 만세! 만세!"

알베르트네 가족이 무슨 일인가 하고 길 맞은편을 보았더니 총을 어깨에 맨 군인들이 줄을 지어 행진을 하고 있었습니다.

맨 앞에는 금테를 두른 화려한 옷차림을 한 장교가 말을 탄 채 뽐내며 가고 있었고, 그 뒤를 따르는 군인들 모두 똑같은 군복, 똑같은 총과 칼을 차고 똑같은 모습으로 발을 착착 맞추며 씩씩하게 걸어가고 있었습니다.

군인들 뒤에는 아이들이 떼지어 군인들의 모습을 흉내

내며 뒤따르고 있었어요.

"야, 씩씩한 군인들이다! 알베르트 어떠냐? 남자라면 저렇게 씩씩해야지. 너도 크면 저런 군인이 되거라. 응?"

아버지는 기분이 좋은지 군인들의 모습에서 눈을 떼지 않은 채 말하였습니다. 그런데 알베르트는 아무 대답이 없었습니다.

"아니, 알베르트, 넌 보기 싫은가 보구나. 딴 데를 보고 있는 걸 보니. 왜 무섭니?"

"아니요. 너무 딱해서 그래요."

"딱하다니……, 누가 말이냐?"

"저 군인들 말이에요. 저건 사람들이 걷는게 아니라, 무슨 인형들이 걷는 것 같아요. 똑같은 옷을 입고 똑같은 몸짓으로 꼭 톱니바퀴가 돌아가는 것처럼……."

아버지는 조금은 어리둥절했습니다.

"그게 얼마나 근사하고 훌

류하냐? 씩씩해 보이기도 하고."

"저 군인들은 자기가 하고 싶어서 저렇게 걷는 게 아닐 거예요. 높은 사람이 시켜서 할 수 없이 하는 거지."

"허허허, 네 말도 맞다마는 군인들은 저렇게 해야 하는 거야."

"그래서 불쌍한 거예요. 전 어른이 되어도 군인은 안 될 거예요."

"이 녀석, 넌 군인이 싫은 게 아니라, 군인이 되어 싸움을 하는 게 무서운 거지?"

"아니에요. 무서운 게 아니라 싸움이 싫은 거예요. 전쟁을 하면 사람들을 죽여야 하잖아요."

"알베르트, 군인들이 전쟁을 하는 것은 나라를 위해서 하는 거야. 나라를 위해 자기 목숨까지 걸고 용감히 싸우는 거지."

"아빠, 싸우지 않고도 나라를 위할 수 있잖아요? 왜 꼭 싸워서 사람을 죽여야 해요? 아무리 군인이라도 사람을 죽이는 건 용감한 일이 아니에요."

"……."

아버지는 알베르트가 씩씩한 군인들을 가엾다고 생각하는 것이나, 군인들이 나라를 지키기 위해서 싸우는 일을 싫어한다는 알베르트의 생각에 약간은 실망했습니다.

알베르트의 말이 옳기도 하지만, 그것은 겁이 많고 나약한 성격에서 나온 것이라고 생각했기 때문입니다.

옆에서 아버지와 아들이 하는 이야기를 듣고 있던 삼촌

야코브가 빙긋이 웃었어요.

"알베르트 말도 맞습니다, 형님. 꼭 전쟁을 해야만 나라를 위하는 것은 아니지요. 어린애가 그런 생각을 하는 것은 어린이답지 않은 훌륭한 것입니다."

"그럴지도 모르지. 그렇지만 그런 생각이 이 험한 세상에서 받아들여질까? 난 그게 걱정이다."

알베르트가 태어나기 이전의 독일은 여러 개의 작은 나라로 나뉘어져 있었답니다. 그 중 가장 힘이 센 나라가 프로이센이었는데, 이 프로이센이 1871년에 이웃 프랑스와 전쟁을 벌여 크게 이겼습니다. 그리고 그 동안 작은 나라로 나뉘어져 있던 독일을 하나로 통일해서 아주 강한 나라로 만들었다고 해요.

이것이 바로 독일 제국이지요. 이 때의 수상인 비스마르크는 무기와 군대의 힘으로 나라의 세력을 세계에 크게 알렸습니다. 아프리카는 물론, 아시아까지 군대를 보내 많은 영토를 얻었고, 공업을 발전시켜 독일을 유럽에서 가장 강한 나라로 만들었습니다. 그래서 그 당시에는 독일에서 군인들이 국민들의 존경을 받았다고 해요.

그러나 어린 알베르트는 군인들을 그다지 좋아하지 않았습니다. 그것은 군인들이 싫은 게 아니라 군인들이 벌이는 전쟁이 싫었던 것입니다.

유태인의 슬픔

···여섯 살이 된 알베르트는 초등 학교에 들어갔습니다.

그 당시의 유태인들은 자녀들을 자기 민족들만 다니는 유태인 학교에 입학시켜 유태교의 규칙에 따라 공부를 하게 하는 것이 보통이었습니다. 그러나 알베르트의 아버지는 알베르트를 유태인 학교에 보내지 않고, 집에서 가깝고 학비도 적게 드는 크리스찬 학교에 보냈습니다.

알베르트는 그 때까지 유태인이 어떤 사람들인지 또 유태인이라는 말이 무슨 뜻을 지닌 말인지 전혀 생각해 보지 않았습니다.

어느 날, 알베르트가 시무룩한 표정으로 학교에서 돌아왔습니다.

"알베르트, 무슨 일이 있었니? 표정이 안 좋아 보이는구나."

아버지의 물음에도 아무 말 없이 고개를 숙이고 있던 알베르트가 심각한 표정으로 물었습니다.

"아빠, 우리는 유태인이지요? 유태인은 정말 나쁜 사람들인가요?"

아버지는 깜짝 놀라서 눈을 크게 떴습니다. 그리고 기운이 빠진 듯 털썩 의자에 주저앉았어요.

"누가 그런 소릴 하더냐?"

"오늘 수업 시간에 선생님께서 예수님 이야기를 하시다가 이상한 것을 보여 주셨어요."

"예수님 이야기를?"

"네, 예수님이 십자가에 못박혀 돌아가셨을 때 쓴 못이 이쯤은 된다며 아주 커다란 못을 꺼내 보여 주셨어요."

"그래, 유태인들이 예수님을 죽였다고 하시더냐?"

"아니요. 그런 말씀은 하지 않으셨어요. 그런데 선생님 말씀을 듣고 나더니 반 아이들이 모두 나를 쳐다보았어요. 우리 반에서 유태인은 저 혼자거든요."

"그것뿐이냐?"

"아니에요. 공부가 끝나자 친구들이 모여서 나를 힐끔힐끔 쳐다보며 수군거리는 거예요. 유태인이니 나쁜 놈들이니 하면서 말예요."

"알베르트, 아빠 말 잘 들어

라. 네 말대로 우리는 유태인이다. 그러나 유태인이라고 모두 나쁜 사람들은 아니야. 물론 유태인 중에도 나쁜 사람들이 있지. 그건 어떤 민족이든 마찬가지야. 같은 부모에게서 태어난 형제들도 성격이 다르듯이 민족 전체가 똑같을 수는 없단다."

"하지만 유태인들이 예수님을 죽였다고 하잖아요?"

"아니야, 예수님도 우리와 같은 유태인이란다. 그리고 예수님을 직접 죽인 것은 로마 관리들이었어."

"로마 관리들이 왜 예수님을 죽였나요?"

"거기엔 여러 가지 사정이 있었단다. 종교적인 문제와 정치적인 문제가 복잡하게 얽혀서 예수님이 희생당한 것이지. 오늘날 많은 사람들이 믿고 있는 크리스트 교도 사실은 우리 유태인들의 종교인 유태교에서 생겨난 거야."

"그런데 왜 사람들은 우리 유태인들을 미워하지요?"

알베르트의 물음에 아버지는 아무런 말도 없이 쓸쓸하게 창 밖을 내다보고만 있었습니다. 명랑한 성격인 아버지의 이런 모습은 알베르트에겐 처음이었어요.

아마도 너무나 슬픈 삶을 살았던 자기 조상들과 그 후손들이 앞으로 겪어야 할 일들을 생각하니 서글퍼졌기 때문일 것입니다.

유태인들은 지금의 이스라엘 민족입니다. 지금으로부터 약 2,600년 전, 이들이 세운 나라가 바빌로니아에게 망했습니다. 그 때 왕과 백성들이 모두 바빌로니아로 끌려가 유태인들의 나라는 사라지고 말았지요.

그 후, 고향으로 돌아온 사람들도 있었지만, 계속해서 알렉산더 대왕의 마케도니아, 로마 등의 지배를 받게 되면서 유태인 민족은 세계 여러 나라로 뿔뿔이 흩어지게 되었답니다.

　유태인들은 크리스트 교가 아닌 유태교를 믿고 유태교의 가르침에 따라 생활합니다. 그리고 유태인들은 하나님께서 자신들을 선택했다고 생각하며, 세상의 종말이 가까워지면 구세주가 나타나 유태인들의 나라를 다시 세우고 온 세상을 다스린다고 믿고 있답니다. 그러나 이런 생각은 어느 민족이나 모두 갖고 있는 것이랍니다.

　사람들이 유태인들을 미워하게 된 것은 이들이 다른 민족들과는 어울리지 않고 자기들끼리만 뭉쳐서 자기들 방식대로만 생활하려는 데 있답니다.

　유태인들은 다른 종교를 절대 믿어서도 안 되고, 다른 민족들과는 결혼을 해서도 안 된다고 믿고 있지요.

　유럽의 어떤 곳에서는 유태인들만 모여 사는 거리를 만들고 다른 민족은 발도 못 붙이게 했다고도 하네요.

　다른 나라에 살면서 그 나라 사람들과 어울리지 않은 만큼 유태인들도 그 나라 사람들에게 따돌림을 당하고 멸시를 받게 된 것입니다.

　그러나 유태인들끼리 뭉쳐서 살려고 한 것은 자신들을 보호해 줄 나라가 이 세상 어디에도 없었기 때문입니다.

다른 민족들에게 억울한 일을 당해도 그것을 하소연할 데가 없으니 유태인들은 스스로 자기들끼리 굳게 뭉칠 수밖에 없었던 것이지요.

그리고 스스로를 지키기 위해서는 돈이 필요했는데 그들은 많은 돈을 벌기를 원했습니다. 그러다 보니 이들 중에는 수단과 방법을 가리지 않고 돈을 벌어들이는 나쁜 사람들도 있었답니다.

이들 때문에 유태인 전체가 돈만 아는 돈벌레니 구두쇠니 인정이 없는 고리 대금업자니 하는 멸시를 받게 된 것입니다.

또, 소설이나 이야기도 유태인들을 나쁘게 생각하는 데 큰 영향을 끼쳤어요.

작가들이 지어 낸 이야기에는 냉혹한 구두쇠나 고리 대금업자로 유태인이 많이 등장합니다.

이 중 유명한 것이 셰익스피어의 '베니스의 상인' 이지요. 이 이야기 속에 등장하는 샤일록이라는 유태인 고리 대금업자는 친구를 도와 주려는 착한 안토니오에게 아주 비싼 이자로 돈을 꾸어 주고 만약 갚지 못할 때에는 심장 근처에 있는 살을 1파운드나 베어 내기로 약속을 합니다.

사람들은 이런 꾸며 낸 이야기를 읽고 유태인을 피도 눈물도 없는 잔인한 사람으로 기억하게 되는 것입니다.

이런 일뿐만 아닙니다. 1880년 무렵의 유럽에서는 유태인들에 대한 나쁜 감정이 사람들 사이에 빠르게 번지기 시작했습니다. 이것을 반유태주의라고 부르는데, 특히 독일에서 가장 심했습니다.

독일 사람들은 자기들의 생활이 어려워지고 사회에 여러 문제가 생기는 원인을 유태인들 때문이라고 생각했답니다.

알베르트의 아버지는 한동안 아무런 얘기도 하지 않았어요. 아버지는 유태인들이 당하고 있는 설움과 유태인들의 잘잘못을 잘 알고 있었기 때문에 자기 가족들은 이웃 사람들과 친하게 지내게 하려고 많은 노력을 했답니다.

알베르트를 유태인 학교에 보내지 않고 이웃 아이들이 다니고 있는 크리스찬 학교에 보낸 것도 알베르트가 다른 아이들과 어울려 다 같은 독일 국민으로 잘 살아가길 바랐던 것입니다.

한참 동안 생각에 잠겨 있던 아버지가 천천히 의자에서 일어나더니 알베르트의 머리를 쓰다듬었습니다.

"알베르트, 친구들이 너를 미워한다고 너도 똑같이 그 애들을 미워하면 안 된다. 이 세상에는 자기의 약한 모습을 감추기 위해서 민족이나 피부 색깔, 고향 따위를 들먹이는 사람들이 많단다. 사실 그런 사람들이 우리 유태인들보다 더 약하고 불쌍한 사람들이란다. 진정한 용기가 있는 사람들은 그런 것을 따지지 않아. 그러니 오늘 일은 잊어버리고 친구들과 사이좋게 지내도록 해라. 알았지?"

아버지의 말씀에 알베르트는 고개를 끄덕였지만, 가슴 한곳이 허전했습니다. 그것은 아무 까닭 없이 미움을 받는 자기의 가족과 유태인들이 불쌍해졌기 때문입니다.

저는 군인이 아니에요

•••알베르트가 초등 학교를 다닐 무렵의 교육 방법은 지금과 많이 달랐습니다. 우선 선생님과 학생과의 관계가 매우 엄격해서 오늘날처럼 선생님과 학생들이 자유스럽게 이야기를 나누는 일은 꿈에도 생각지 못할 일이었어요. 학생들은 선생님이 가르쳐 주

시는 대로 무조건 외우고 선생님 말씀에 따라야만 했습니다. 만약 선생님 말씀을 어기게 되면 꾸중을 듣거나 심한 경우 매를 맞기도 했답니다.

이런 교육 방법은 당시에는 어느 나라에서나 똑같이 이루어졌습니다. 알베르트보다 130여 년 전에 태어난 스위스의 위대한 교육자인 페스탈로치는 학교의 이런 교육 방법이 잘못되었다고 비판하며 학교는 학생들 스스로 하고 싶은 공부를 하도록 도와 주어야 한다고 주상하기노 했납니다.

그러나 대부분의 학교와 선생님들은 옛날 방법대로 학생들을 가르쳤습니다.

예를 들어 선생님이 '삼각형 안의 세 각을 모두 합하면 언제나 180도이다.'라고 가르쳐 주시면 학생들은 그렇게 알아야 했습니다. 왜 180도가 되는지 또는 그것을 어떻게 알아 냈는지 물을 수가 없었지요.

다행히 학생들이 궁금해하는 것을 선생님이 잘 헤아려 모든 것을 알기 쉽게 설명해 주시면 좋겠지만, 대부분의 선생님들은 그렇게 하지 않았습니다. 왜냐하면, 선생님들 역시 학생 때 똑같은 방법으로 배웠기 때문이에요.

그리고 그 당시에는 어린이들은 엄하게 교육해야 훌륭해진다고 생각해서 자유로운 행동을 하지 못하도록 했답니다.

선생님의 질문에 대답하려면 군인들처럼 그 자리에서 벌떡 일어나 차렷 자세로 똑바로 서서 씩씩하게 대답을 해야 했습니다.

이런 일은 알베르트에게 큰 고역이었습니다. 더구나 이미 10살이 다 되었는데도 말을 빨리 하지 못했기 때문에, 알베르트가 대답을 해야 하는 경우가 생기면 교실은 온통 웃음바다가 되었습니다. 그러다가 선생님이 호통을 치면 다시 쥐 죽은 듯이 조용해지기 일쑤였습니다.

"알베르트, 거미는 곤충인가, 아닌가?"

"예…… 저…… 고, 곤충이 아…….''

"뭐? 거미가 왜 곤충이냐? 저번 시간에 넌 뭘 했냐?"

'곤충이 아니라고 말하려고 했는데…….'

"알베르트! 자세가 그게 뭐야? 똑바로 서서 씩씩하게 말해야지!"

"그, 그게 아니고 서 선, 생선님……."

"킥킥킥! 생선님이래."

"알베르트, 넌 사내 녀석이 왜 그 모양이냐? 엉?"

"제……가 말……이 느려서 그, 그런 거예요."

"조용히! 알베르트, 머리가 나쁘면 노력이라도 해야지. 넌 늘 딴 생각만 하잖아!"

'휴~, 이건 학교가 아니라 군대야.'

알베르트가 이런 학교 분위기를 싫어하는 것은 군대를 싫어했던 것과 똑같았습니다.

사람은 저마다 얼굴도 다르고 생각도 다른데 왜 누구나 똑같이 해야 하는지 알베르트는 도무지 알 수가 없었어요.

'왜 선생님들은 군인도 아닌 학생들을 기계처럼 다루는 걸까? 아무 생각 없이 시키는 대로만 하는 것은 인형이나 기계야. 어휴, 난 학교가 정말 따분해.'

이런 알베르트가 공부를 잘 할 리 없었습니다. 무조건 외우라는 선생님과 그것을 앵무새처럼 따라하는 친구들 모두가 싫어졌습니다.

짓궂은 학교 친구들이 이런 알베르트를 그냥 놔두지 않았어요.

"알베르트는 정말 바본가 봐."

"유태인이 뻔하지 뭐."

친구들은 이런 알베르트를 '얼간이'라는 별명을 지어 부르며 놀려 댔습니다.

더구나 친구들은 유태인인 알베르트와 잘 어울리려고 하지 않았습니다. 그래서 다른 아이들이 떠들며 재미있게 놀고 있을 때에도 알베르트는 늘 한쪽 구석에 혼자 우두커니 앉아 있거나 뭔가를 생각하고 있는 일이 많았습니다.

그렇다고 선생님들이 알베르트에게 자상하게 대해 주는 것도 아니었습니다. 오히려 나약한 녀석이라고 핀잔을 주거나, 잠시만 머뭇거리면 꾸중을 했답니다.

　알베르트는 이런 학교가 정말 싫었습니다. 그래서 늘 외톨이로 지내며 공부에 흥미를 잃었습니다.
　훗날 어른이 된 알베르트 아인슈타인은 자기의 초등 학교 시절을 돌이켜보며 다음과 같은 말을 했다고 해요.
　"그 때와 같은 교육 방법으로는 학생들이 스스로 할 수 있는 힘을 기르지 못해요. 올바른 생각과 정직함, 그리고 자신감을 잃게 할 뿐입니다. 그런 교육이 이루어지는 곳에서는 아무 생각 없이 남이 시키는 대로 일하는 노예밖에 태어나지 않습니다."

이 말에서 알베르트의 초등 학교 생활이 얼마나 힘들고 괴로웠는지를 잘 알 수 있습니다.

알베르트는 어떤 일이든지 자기 나름대로 자유스럽게 생각해 보고 여러 가지 이치로 따져서 분석해 보는 것을 좋아했어요.

이런 알베르트에게 무조건 외우고 시키는대로 해야만 하는 학교 생활은 정말 따분하고 재미 없는 것이었답니다.

막스 형과 과학의 신비

• • • 알베르트는 1889년에 그다지 좋지 않은 성적으로 초등 학교를 졸업하고 뮌헨의 루이트 폴트 김나지움 학교에 입학했습니다.

　새 학교로 가게 된 알베르트는 신이 났습니다. 새 교복에 새로운 책을 갖게 된 것도 기뻤지만, 무엇보다 대부분의 아이들이 초등 학교를 끝으로 공부를 마치고 집안일을 돕거나 일터에서 기술을 배우는데 비해 자신은 계속 학교에 다닐 수 있게 된 것이 무척 기뻤답니다.

　물론 공부가 재미있거나 학교 생활이 즐거웠던 것은 아

니지만, 새로운 것을 배우게 되었다는 것만으로도 가슴이 벅차올랐어요.

알베르트의 아버지는 알베르트가 학교를 싫어하고 생활 형편도 어려웠지만, 아들을 계속 공부시켜야 한다고 믿었습니다. 이것은 어떤 어려움이 있더라도 자식은 제대로 가르쳐야 한다는 유태인들의 전통적인 생각에서 비롯된 것이랍니다.

초등 학교 때와 달리 학교에 가는 것을 좋아하게 된 알베르트를 보고 아버지와 어머니는 흐뭇해했습니다.

"하하하, 우리 알베르트가 이제야 학교 생활에 재미를 붙였나 보구려."

"그러게 말이에요. 얼굴도 전보다 훨씬 밝아졌어요. 호호호."

그러나 그것도 잠시, 며칠이 지나자 학교에서 돌아오는 알베르트의 얼굴이 밝지 못했습니다.

"알베르트, 왜 그러니? 학교가 재미 없니?"

"네. 그저 그래요."

"알베르트, 공부는 재미로 하는 게 아니란다. 지루해도 꾹 참고 열심히 공부를 해야만 비로소 참된 사람이 될 수 있는 거야. 학교 생활이 어렵더라도 열심히 공부하도록 해라. 알았지?"

"네, 아빠."

김나지움에서 배우는 것은 초등 학교에서 배우는 것보다 훨씬 어려웠습니다. 초등 학교와는 달리 선생님들이 난폭하지는 않았지만 여전히 외우게 하는 수업 방법은 그대로였습니다.

특히 김나지움 학교는 라틴 어와 그리스 어를 많이 가르쳤는데, 이런 공부를 하려면 낱말이며 문법을 모조리 외어야 했답니다.

외우기를 싫어하는 알베르트는 수업 시간에 늘 꾸중을 듣기 일쑤였지요.

"알베르트, 이렇게 간단한 것 하나 못 외우고 도대체 네 머리 속에는 뭐가 들어 있느냐?"

그러나 알베르트에게도 신나는 공부가 있었습니다. 그것은 다른 아이들이 모두 어렵다고 고개를 설레설레 흔드는 수학과 과학이었습니다.

알베르트가 수학을 좋아하게 된 것은 삼촌 야코브 덕분입니다.

야코브 삼촌은 알베르트가 어릴 때부터 꼬치꼬치 캐묻기를 좋아한다는 것을 알고, 어떤 수학 문제에 대해 설명을 해 주고 그것이 맞는지 틀리는지 스스로 알아보도록 했답니다.

야코브 삼촌의 이 방법은 아주 효과적이었어요. 알베르트는 아주 어려운 수학 문제도 아무런 도움을 받지 않고 모두 풀어 내었습니다. 어떤 문제는 사흘이나 걸렸는데도 도중에 포기하지 않고 정확히 풀어냈습니다.

이렇게 수학에 자신을 갖게 되자, 좀더 어려운 공부에 관심을 갖게 되었는데, 그것이 바로 과학이었어요.

알베르트의 부모님은 다른 나라에서 독일로 공부하러 온 유태인 학생들을 가끔 초대해서 식사를 함께 했는데, 어느 날 막스 탈메라는 대학생이 저녁 식사에 초대되었습니다.

막스 탈메는 대학에서 의학 공부를 하는 유태인 청년이었어요.

막스는 알베르트의 물음에 친절히 대답해 주고, 과학과 관련된 신비한 이야기를 재미있게 들려 주었습니다.

알베르트가 막스를 잘 따르는 것을 알게 된 아버지는 막스를 매주 집으로 초대했어요.

막스가 오는 날이면 알베르트는 신이 났습니다. 어떤 질문을 해도 친절하게 모든 것을 가르쳐 주는 막스가 알베르트에겐 둘도 없는 친구이자 선생님이었습니다.

"아빠, 막스 형은 천재인가 봐요. 제가 뭘 물어도 척척 대답하는데, 우리 선생님보다도 더 알기 쉽게 설명해 줘요."

"하하하, 알베르트가 막스에게 푹 빠졌구나. 우리도 한숨 놓았단다. 너의 그 끝도 없는 질문의 폭격이 막스에게 돌아갔으니 말이다. 하하하, 그런데 말이야 알베르트, 넌 막스 형이 왜 그렇게 아는 것이 많은지 생각해 보았니?"

"그거야……, 대학생이니까 그렇겠지요."

"그게 아니야. 대학생이라고 모르던 것을 저절로 알게 되지는 않는단다. 그건 많은 책을 읽고 스스로 생각하는 힘을 길렀기 때문이야."

"그럼, 책에 나온 내용을 모두 읽고 외워야 하나요?"

"하하하, 알베르트는 세상에서 제일 무서운 것이 외우는 것인가 보구나. 공부를 할 때 외우는 것도 중요하지만, 그것보다 왜 그렇게 되는가를 알아 내는 것이 더 중요하단다."

 어느 날, 막스는 여섯 권으로 된 책 한 질을 가져왔습니다.

 "알베르트, 이 책 좀 볼래. 이건 네가 아주 좋아할 만한 책인데……. 이 책에 네가 궁금하게 생각하고 있는 자연 과학의 비밀이 모두 나와 있단다."

막스가 가져온 책은 베른슈타인의 '통속 과학의 대계'라는 책이었어요.

책을 받아든 알베르트는 곧바로 책에 빠져들었습니다.

'아~하! 이렇게 해서 화산이 터지는 거로구나.'

'오라, 별이 반짝이는 것은 빛의 현상 때문이었구나.'

책장을 넘길 때마다 신비한 내용이 계속되었습니다.

알베르트는 막스가 준 책 이외에도 과학에 대해 알기 쉽게 써 놓은 책들을 계속 찾아 읽었습니다.

과학 관련 책들은 알베르트 아인슈타인을 끝없이 넓고 신비한 수학과 과학의 세계로 끌어들였습니다.

일곱번째 이야기
가족들과 헤어지다

••• 수학과 과학 공부가 아무리 재미있다고 하더라도 학교 생활은 여전히 어려웠습니다. 계속 되풀이해서 외워야 하는 라틴 어와 그리스 어, 그리고 군인처럼 딱딱하고 무서운 선생님들…….

 학교에서 알베르트는 늘 풀이 죽어 있었어요. 하지만 학교 수업이 끝나고 집으로 돌아온 알베르트는 마치 딴 사람이 된 것처럼 힘이 넘쳤습니다. 자기가 읽고 싶은 과학책을 마음대로 읽을 수 있고, 야코브 삼촌과 수학 문제도 재미있게 풀어 볼 수 있기 때문이지요.

집과 가족들만이 알베르트의 즐거운 안식처였습니다. 그러나 이 즐거운 가정 생활마저 오래 지속되지 못했어요. 아버지가 또다시 사업에 실패한 것입니다.

1894년 어느 날 저녁, 온 가족이 한 자리에 모였습니다. 아버지는 몹시 괴로운 표정으로 말했습니다.

"빚이 많아서 더 이상 뮌헨에서 사업을 할 수 없게 되었다. 공장을 팔아 빚을 모두 갚고 우리는 이탈리아 밀라노로 가야 할 것 같구나. 거기서 친척들의 도움을 받아 다시 공장을 세우기로 했다."

알베르트와 동생 마야는 아버지의 말이 얼마나 심각한 것인지 몰랐습니다. 다만 새로 이사 가게 될 이탈리아가 어떤 곳인지 궁금할 뿐이었습니다. 여동생 마야가 물었습니다.

"아빠, 이탈리아는 어떤 곳이에요? 살기 좋은 곳인가요?"

"그럼, 굉장히 좋은 곳이지. 밝은 햇빛이 빛나고 올리브 숲과 넓은 포도밭, 그리고 파란 바다가 펼쳐져 있는 따뜻하고 아름다운 곳이지."

"와! 신난다. 그렇게 좋은 나라에 가서 살면 알베르트 오빠도 힘이 날 거예요."

"아니야, 알베르트는 여기 남아서 공부를 마저 해야 한다."

알베르트는 깜짝 놀랐습니다.

"왜요? 왜 전 여기 남아야 하나요?"

"알베르트야, 넌 김나지움을 졸업해야지. 앞으로 2년밖에 남지 않았잖아? 열심히 공부해서 졸업을 한 후 이탈리

아로 오너라. 좀 외롭긴 하겠지만 학교 기숙사에서 생활하는 것이 좋겠다."

아버지의 말에 동생 마야가 울음을 터뜨렸어요.

"으앙! 오빠도 함께 가야 돼요."

어머니도 고개를 돌린 채 눈물을 흘렸습니다. 알베르트는 입을 꾹 다문 채 한동안 말없이 있다가 조용히 고개를 들었습니다.

"잘 알았어요, 아버지. 전 남아서 공부를 끝마칠게요."

그 해 가을 가족들은 뮌헨을 떠나 이탈리아 밀라노로 갔습니다. 알베르트는 혼자 김나지움의 기숙사로 들어갔습니다.

가족들 앞에서는 태연한 척했지만, 막상 혼자 남고 보니 무척 외롭고 서글퍼졌어요.

지금까지는 학교 공부가 지루하고 힘들어도 집으로 돌아가면 따뜻하게 맞아 주는 가족들이 있어서 좋았지만, 이제는 공부가 끝나도 다시 엄격한 규칙 아래 생활해야 하는 기숙사로 돌아가야만 했습니다.

기숙사에는 늘 엄한 얼굴을 하고 있는 사감 선생님과 알베르트와는 얼굴을 마주하기조차 싫어하는 학교 친구들뿐

이어서 알베르트는 늘 외톨이로 지냈어요.

'아, 지금쯤 아버지와 어머니, 삼촌, 마야는 즐겁게 지내고 있을 텐데……. 내가 꼭 이렇게 혼자 남아 김나지움의 졸업장을 받아야 하는 것일까?'

'아무 실력도 없으면서 졸업장만 받으면 무슨 소용이람. 나에게 더 소중한 것은 졸업장이 아니라 내가 하고 싶은 일을 열심히 하는 것이 아닐까?'

생각이 여기에 미치자, 알베르트는 김나지움 생활에서 하루라도 빨리 벗어나고 싶었어요. 그렇다고 마음대로 학교를 그만두면 안 될 것 같아 여러 가지로 궁리를 했습니다.

가족들과 헤어진 지 여섯 달이 다 되어 갈 무렵, 알베르트는 잘 아는 의사 선생님을 찾아갔어요.

"선생님, 진단서 좀 써 주세요."

"진단서를? 왜 어디가 아프니? 그렇지 않아도 네가 요즈음 힘이 없어 보인다고 선생님들이 걱정을 하시던데."

"네, 머리도 아프고 밤에 잠도 깊이 못 자요. 아마 신경 쇠약인가 봐요."

"하하하, 네가 의사로구나. 그렇게 자기 병을 잘 알면 네가 진단서를 쓰면 되지. 아마 신경 쇠약이 아니라, 엄마 젖을 더 먹고 싶은 게로구나. 하하하."

가족을 그리워하는 알베르트의 마음을 알아 챈 의사 선생님은 어느 정도 학교를 쉬면서 휴양을 하는 게 좋겠다는 진단서를 써 주었습니다.

알베르트가 진단서와 함께 휴학원을 학교 측에 냈더니 곧 교무실에서 그를 불렀습니다.

"자네가 이번에 휴학원을 낸 알베르트 아인슈타인 군인가?"

"네."

"몸이 아파서 여섯 달 동안 학교를 쉬겠다고? 그렇게 하게. 그런데 여섯 달 후에는 다시 학교로 돌아올 건가?"

"……."

알베르트는 쉽게 대답하지 못했습니다. 사실 이 학교로 다시 돌아올 생각은 전혀 없었지만, 사실대로 말할 수가 없었습니다.

이 때 옆에서 이 광경을 지켜보고 있던 라틴 어 선생님이 끼어들었습니다.

"자네 같은 학생은 돌아오지 않는 게 우리를 도와 주는

거야. 늘 수업 분위기를 흐려 놓고, 그 쉬운 문법 하나 제대로 외우지 못하면서 무슨 공부를 해? 차라리 지금부터 기술이나 배워. 그게 자네와 가족들한테도 도움이 될 거야."

알베르트는 묵묵히 교무실을 나와 기숙사로 돌아갔어요. 그리고 지금까지 있었던 일을 편지로 써서 집으로 부친 후 짐을 꾸렸습니다.

'편지를 받아 보면 아버지와 어머니가 깜짝 놀라시겠지. 그러나 할 수 없어. 이렇게 형식에 얽매인 곳에서 계속 생활하면 난 정말 아무짝에도 쓸모없는 사람이 되고 말 거야.'

알베르트는 가방 하나만 달랑 들고 기숙사를 떠났습니다. 조금 아쉬운 생각이 드는 것은 그래도 자기의 실력을 인정해 주던 수학 선생님께 작별 인사도 제대로 드리지 못했다는 것입니다.

수학 선생님은 나중에 필요할지도 모른다며 알베르트의 수학 재능을 칭찬하는 증명서까지 써 주셨습니다.

교문을 나서자마자 알베르트는 가슴을 펴고 푸른 하늘을 쳐다보며 크게 외쳤어요.

"야! 이제 나는 자유인이다. 지금부터 나 스스로 내 인생을 만들어 나갈 것이다."

아라우의 김나지움 학교

••• 독일 뮌헨에서 이탈리아 밀라노까지 가려면 알프스 산맥을 가로지르는 철로를 이용해야만 합니다.

알베르트는 이 철로를 따라 난생 처음으로 먼 여행을 하게 되었습니다.

어렵게 다니던 학교를 그만두려는 것을 아버지와 어머니가 알고 화를 내시면 어쩌나 하는 생각에 마음이 조금 불편했지만, 그것도 잠시, 창 밖으로 보이는 알프스의 아름다운 풍경에 알베르트는 푹 빠져들고 말았습니다.

알베르트가 밀라노 역에 내리자 마중을 나와있던 어머니와 여동생 마야가 달려와 반갑게 맞아주었어요.
 "오빠!"
 "아이고, 알베르트야, 이런 쯧쯧! 얼굴이 아주 못쓰게 되었구나."

어머니는 알베르트의 야윈 모습을 보더니 눈물을 글썽거렸습니다.

"이젠 괜찮아, 오빠. 여기서 우리랑 함께 지내면 금방 좋아질 거야."

여동생 마야는 마냥 즐거운 듯, 알베르트의 손을 잡고 깡충깡충 뛰었습니다.

밀라노에 다시 차린 아버지의 공장은 뮌헨의 것보다 작고 초라했어요.

"알베르트, 어서 오너라. 어이구, 몸은 좀 말랐어도 키는 훌쩍 자란 것 같구나."

여섯 달 사이에 흰 머리가 부쩍 늘어난 아버지는 여전히 태평스런 표정으로 알베르트를 맞아 주셨는데, 몸이 많이 약해지신 것 같았습니다.

"신경 쇠약이라고? 사내 녀석이 마음이 너무 여려서……. 아무튼 푹 쉬어라. 그리고 몸이 회복되는 대로 돌아가서 남은 공부를 마저 끝마치도록 해라."

아버지의 말을 들은 알베르트는 어쩔 수 없이 자신의 생각을 조심스럽게 밝혔습니다.

"아버지, 저는 몸이 회복되어도 다시는 뮌헨으로 돌아가지 않을 거예요."

"뭐라고? 학교에서 무슨 일이 있었니?"

"거긴 학교가 아니라, 군대예요. 그렇게 엄한 규칙에 얽매인 곳에서 제가 배울 건 아무것도 없어요. 전 다시는 그런 학교에 다니고 싶지 않아요. 이제 제 앞날은 제 스스로 개척해 나가고 싶어요."

"알베르트, 졸업까지 얼마 남지 않았는데, 너무 아깝지 않니? 하지만 네 생각이 정 그렇다면 할 수 없지. 당분간 쉬면서 차근차근 생각해 보자."

"그리고 아버지, 전 이 곳으로 오면서 독일 국적을 버렸어요. 앞으로 두 번 다시 독일로 돌아가지 않으려고요."

"뭐라고? 이거 큰일났구나. 넌 아직 어른이 아니라서 이탈리아 국적을 가질 수 없어. 허어, 왜 그렇게 경솔한 행동을 한 거냐?"

국적이 없는 사람은 다른 나라로 자유롭게 여행을 할 수도 없고, 해로운 일을 당해도 보호를 받지 못하기 때문에 아버지는 걱정을 하는 것이었습니다.

아버지의 이야기를 듣고, 알베르트는 속으로 깜짝 놀랐지만 겉으로는 태연한 척했어요.

가족들과 함께 지내게 되자, 알베르트의 몸은 금방 회복 되었습니다. 그 동안 규율에 짓눌려 있던 마음도 이탈리아 의 여러 곳을 여행하다 보니 씻은 듯이 나았어요. 그러나 편안하고 느긋한 나날을 보내고 있을 수만은 없었습니다.

그러던 어느 날, 아버지가 알베르트를 불렀어요.

"알베르트, 너도 이제는 무엇을 할 것인지 생각해 볼 때 가 된 것 같구나. 나쁜 일만 아니라면 네가 어떤 일을 해도 상관하지 않겠다. 공부를 계속하는 것이 가장 좋겠지만, 내 사업이 계속 어렵다 보니까 널 도와 줄 형편이 안 되는 구나. 미안하지만 이제부터는 학비와 생활비는 네 스스로 벌도록 해라."

열여섯 살이 된 알베르트는 이제 자기 삶을 스스로 결정 해야 했습니다.

알베르트는 여러가지 생각을 하다가 스위스 취리히에 있는 국립 연방 공과 대학에 들어가기로 결심했어요.

1895년 가을에 알베르트는 스위스 취리히까지 가서 연 방 공과 대학의 입학 시험을 치렀습니다.

유럽의 학교는 우리 나라와 달리 가을에 새 학년이 시작 되어 초여름에 학년이 끝납니다. 그러므로 졸업과 입학도

가을에 있게 된답니다.

　알베르트가 연방 공과 대학에 들어가려고 했던 것은 과학을 좋아해서가 아니라, 다른 대학은 김나지움의 졸업장이 있어야만 시험을 볼 수 있었기 때문입니다.

　합격자를 발표하는 날, 알베르트는 합격자 명단에서 자기 이름을 찾아보았지만, 그 어디에도 알베르트 아인슈타인이라는 이름이 없었습니다.

　'아이쿠! 떨어졌구나. 이제 어떡하지?'

　실망한 알베르트가 터덜터덜 교문을 나서려고 할 때 수위가 그를 불렀어요.

　"어이, 학생이 알베르트 아인슈타인 맞지? 학장님이 부르시니까, 학장실로 가 보게."

　웬일인가 하며 알베르트는 학장실을 찾아갔습니다. 학장실 문을 열고 들어갔더니 인상이 아주 좋은 신사 한 분이 친절하게 맞아 주었습니다.

　"어서 오게. 자네가 알베르트 아인슈타인인가? 자네 수학 답안지를 보고 선생님들이 모두 놀랐다네. 하지만 다른 과목들은 성적이 너무 나쁘더군. 그래서 합격자 명단에 넣을 수가 없었네. 자네도 무엇이 문제인지 알 수 있을 걸세.

인정하겠는가?"

"네, 인정합니다."

"그러나 자네처럼 수학에 재능 있는 젊은이를 떨어뜨리는 것은 너무 안타까운 일이라고 생각해서 선생님들이 의논을 했다네. 자네는 아직 김나지움을 졸업하지 않았으니 일 년 더 김나지움에서 공부한 다음 졸업장을 받아 오면 내년엔 시험 없이 이 대학에 다닐 수 있도록 해 주겠다고 말일세. 어떤가?"

"고맙습니다."

"마땅한 학교가 없다면 내가 좋은 학교를 소개해 주지. 취리히 서쪽 아라우에 주립 김나지움이 있는데, 내가 교장에게 소개장을 써 주지."

김나지움이라는 말을 들은 알베르트는 뮌헨의 학교를 생각해 내고 또다시 힘든 생활을 해야겠구나라는 생각에 온 몸의 기운이 쭉 빠졌습니다.

알베르트는 풀이 죽어서 아라우로 갔어요. 그러나 아라우에 있는 주립 김나지움의 교문을 들어선 순간 자신의 생각이 잘못되었다는 것을 깨달았습니다.

오고 가는 학생들은 모두 쾌활해 보였고 이곳 저곳에 모여 웃고 떠들며 이야기를 나누고 있는 모습에서는 자유로움이 한껏 느껴졌습니다.

학생들의 이런 자유로운 모습은 뮌헨의 김나지움 학교에서는 상상도 할 수 없는 일입니다.

엄한 규율도 없을 뿐만 아니라 학생들은 스스로 연구하며 모르는 것은 언제든지 선생님에게 묻고 의논해 가며 공부를 하고 있었습니다.

'뮌헨과 이렇게 다를 수 있을까? 이 곳이야말로 진정한 학교다.'

일 년간의 학교 생활은 더없이 즐겁고 보람찼습니다.

학교 분위기가 달라지자, 알베르트의 성격과 생각까지 바뀌었습니다. 신경질적이며 변덕스러웠던 그가 너그러워지고 누구와도 명랑하게 잘 어울렸어요.

훗날 아인슈타인은 이 때를 그리워하며 다음과 같이 말했어요.

'아라우의 김나지움은 마치 사막 속의 오아시스 같았습니다.'

알베르트는 이 곳에서 공부를 열심히 하는 한편 음악과 독서를 즐기며 친구들도 많이 사귀었습니다.

1896년 여름, 알베르트는 김나지움을 졸업하고, 가을에 취리히 국립 연방 공과 대학에 입학했습니다.

시간에 쫓기는 알베르트

　　　•••취리히 연방 공과 대학은 스위스의 작은 도시에 있는 학교였지만, 유럽에서는 이름이 널리 알려져 있었습니다. 특히 수학과 물리학에 뛰어난 실력을 갖춘 유명한 교수들이 많이 있었답니다.

　알베르트가 입학한 지 얼마 되지 않아 그의 뛰어난 수학 실력에 대한 소문이 학교 안에 퍼졌습니다. 그런데 정작 알베르트가 선택한 과목은 수학이 아닌 물리학이었습니다.

　"어이, 알베르트, 어떻게 된 거야? 수학 강의 시간에 자네를 보기 힘드니 말이야."

알베르트와 친하게 지내는 동급생 그로스만이 궁금한 듯이 물었어요.

"미안, 요즘 나는 수학에 흥미를 잃었어."

"아니, 자네 같은 수학 천재가 수학에 흥미를 잃었다면 누가 수학을 하겠어?"

"수학이 싫어진 게 아니라, 사실 요즘은 물리학에 몰두하고 있어. 물리학에는 지금 배우는 것같이 까다로운 수학

이 필요하지도 않고 말이야……."

"그래도 강의 시간에는 빠지지 말아야지. 교수님들이 자네를 이상하게 생각할 거야."

그로스만의 말은 사실입니다. 처음엔 알베르트의 뛰어난 수학 실력을 칭찬하던 교수님들이 요즘에는 알베르트를 그다지 좋게 보질 않았어요.

"알베르트 그 녀석 말이야. 실력은 좋을지 몰라도 아주 게을러빠졌어."

"그런 것 같아. 무슨 실험을 하더라도 제 멋대로 하려고 든다니까, 건방지게 말이야."

어려움은 이것뿐이 아니었습니다. 집에서는 아버지 사업이 잘 안 되어 학자금을 보내주지 않았고, 제노바에 살고 있는 작은 어머니가 매달 100프랑의 돈을 보내 주었지만, 살아가기엔 턱없이 부족했습니다. 그래서 대부분의 생활비와 학비를 스스로 해결해야만 하는 알베르트는 공부를 하는 틈틈이 시간이 나는 대로 가정 교사 등 아르바이트를 해야만 했어요. 학교에서는 거의 물리학 실험실에서 살다시피 했으며, 하숙집도 아주 싼 다락방을 얻었고, 식사는 겨우 빵과 물로만 때우는 경우가 많았습니다.

사정이 이렇다 보니 공부나 생활이나 자기에게 꼭 필요한 것 이외에는 별로 관심이 없었습니다. 그래서 수학 강의에도 자주 빠졌던 것이지요.

옷차림도 마찬가지였습니다.

어느 날, 알베르트가 친구 집을 찾아갔더니 친구 어머니가 반갑게 맞아 주셨어요.

"오! 알베르트, 어서 오너라. 아니, 너 감기 걸렸구나? 요즘 같은 날씨에 목도리를 다 하고 다니는 걸 보니."

"네, 아주머니. 이 목도리 멋있지요? 사실은 이거 식탁보예요. 목을 따뜻하게 하려고 목에 두른 거예요. 하하하!"

돈도 없었지만, 옷차림에 관심이 없었던 알베르트는 남이 어떻게 생각하든 자기 마음 내키는 대로 하였습니다.

이런 생활은 알베르트 아인슈타인이

유명해졌을 때에도 계속되었답니다. 그는 평생 동안 사치스럽게 살려고 생각하지 않았습니다. 그리고 사람의 겉모습만 보고 멸시하거나 부러워하지 않았어요.

이렇게 생활이 어려워지고 시간에 쫓기며 살았지만 알베르트는 공부를 게을리하지 않았습니다.

갈릴레이나 뉴턴같이 옛날의 위대한 과학자들은 물론, 같은 시대를 살아가고 있는 학자들의 책을 닥치는 대로 읽었습니다. 그리고 틈만 나면 친구들과 과학자들이 연구한 내용을 가지고 열띤 토론을 벌였습니다.

"물리학의 중심은 물체의 움직임이나 그 힘을 알아 내는 역학이야. 이것을 가장 바르게 정리한 사람이 영국의 뉴턴이지. 그런데 내가 생각해 볼 때, 그 위대한 뉴턴도 실수를 많이 했어."

"뭐라고, 뉴턴이 무슨 실수를 했는데?"

"먼저 뉴턴이 말한 법칙 중 '밖에서 힘이 가해지지 않으면 정지한 물체는 언제나 정지한 상태가 계속되고, 운동하는 것은 일직선으로 계속 운동한다.' 고 했지?"

"했지. 그건 틀림없는 말 아닌가?"

"아니지, 잘 생각해 봐. 우리가 물건이 움직인다 움직이지 않는다 하는 것은 대개 땅이 움직이지 않는 것으로 보고 한 말이지. 그런데 움직이지 않는다고 생각한 지구는 굉장히 빠른 속도로 자전을 하면서 태양의 주위를 돌고 있잖아?"

"아, 그래! 알베르트의 말이 맞는 것 같아. 우리가 기차를 타고 갈 때 안에 있는 우리 눈에는 모든 것이 가만히 있는 것 같지만, 기차 밖에서 보면 실제로 굉장히 빨리 움직이잖아?"

"바로 그거야! 멈춰 있다고 말할 수 있는 물체가 이 우주 속에는 없을지도 몰라. 사실 뉴턴도 운동의 법칙을 세울 때 이런 점을 생각했었지."

"알베르트, 네 말대로라면 뉴턴은 물론이고 지금까지 나와 있는 모든 역학의 법칙이 다 무너져 버리겠는데……."

"그뿐이 아니야. 뉴턴은 빛에 있어서도 실수를 했어. 빛은 뉴턴이 말한 것처럼 아주 작은 빛의 알갱이가 빠른 속도로 움직이는 게 아니거든. 이건 많은 과학자들의 연구로 증명된 사실이야. 그런데 그런 것보다 더 큰 문제는 빛의 속도야."

"빛의 속도라니?"

"이건 내가 예전에 생각해 본 건데. 만약 빛보다 빠른 탈 것을 타고 지구 밖으로 나간다면 모든 것이 어떤 모양으로 보일까? 아마 모든 것이 멈춰 버린 상태로 아무런 변화도 일어나지 않는 것처럼 보일 거야."

"하하하, 그것 참 재미있는 생각인데."

알베르트가 지금 친구들과 나누고 있는 이 이야기가 훗날 세상의 과학을 뒤바꿔 놓는 '상대성 원리'에 대한 내용이랍니다.

스위스 국적과
특허국 일자리

···1900년 여름, 알베르트 아인슈타인은 마침내 취리히 연방 공과 대학을 졸업했습니다.

'아, 이제 나도 어엿한 어른이 되었구나. 이제는 좀더 깊이 있는 공부를 해 보자.'

알베르트는 미래의 자기 모습을 꿈꾸며 스스로 대견해했습니다.

그러나 졸업의 기쁨도 잠시, 살아가기가 막막했습니다. 대학을 졸업하자, 작은어머니가 매달 보내 주시던 돈도 끊어지고, 일자리도 구하지 못했기 때문입니다.

알베르트는 대학에 조교로 남아 공부를 가르치면서 연구를 계속할 수 있기를 바랐지만, 뜻대로 되지 않았습니다. 알베르트가 불성실하다고 생각한 교수들이 추천을 해 주지 않았기 때문입니다. 더구나 그 때까지 알베르트는 스위스 국적을 얻지 못해서 일자리를 구하기가 더 힘들어졌습니다.

'이거 참, 곤란하게 됐군. 안 되겠어. 우선 국적부터 얻고나서 일자리를 구해야지.'

1901년 2월, 알베르트는 간신히 스위스 국적을 얻었습니다. 이제 알베르트는 스위스 국민이 된 것입니다.

'이제는 일자리를 구할 수 있겠지.'

알베르트는 여러 곳에 일자리를 부탁했지만, 이번엔 유태인이라는 이유로 모두 거절당했어요.

대학을 졸업한 지 1년이 다 되도록 알베르트는 일자리를 구하지 못했답니다. 그러다가 어느 시골 직업 학교의 임시 교사 자리를 겨우 얻을 수 있었는데, 그것마저도 2개월 만에 끝나고 말았습니다. 본래 그 학교에 있던 정교사가 다시 돌아왔기 때문입니다.

이렇게 취직을 하지 못하고 어려운 나날을 보내고 있었

지만, 알베르트는 결코 낙심하거나 쓸데없는 일에 시간을 낭비하지 않았습니다.

1901년, 알베르트는 첫 과학 논문을 발표하고, 계속해서 발표할 논문을 준비하고 있었습니다.

일자리를 구하러 다니던 어느 날, 알베르트는 대학 친구인 그로스만을 만났습니다.

"여어! 알베르트, 오랜만이다. 자네 요즘 어디에서 뭘 해?"

"아무것도 안 해. 아무리 돌아다녀도 나에겐 일자리를 주지 않더군. 스위스에선 내가 할 일이 없나 봐."

"무슨 소리야? 자네같이 재능 있는 사람이 할 일이 없이 지내다니? 너무 낙심하지 말게."

며칠이 지나자, 그로스만이 알베르트를 찾아왔습니다.

"알베르트, 일자리가 하나 났는데, 자네한테는 안 어울리지만 어때, 한번 가 보겠나?"

"어떤 일인데?"

"베른에 있는 스위스 특허국이야. 자네가 바라는 선생이나 조교 자리는 아니지만, 여러 가지 발명에 관한 일이니까 재미있을 거야."

"그래? 특허국이라면 관청인데, 그런 곳에서 나를 써 줄까?"

"써 줄 거야. 특허국장이 우리 아버지 친구분이셔. 내가 자네 사정을 아버지한테 이야기했더니 자네가 좋다면 아버지가 소개장을 보내 주겠다고 하셨거든."

알베르트는 그로스만의 우정어린 권유를 받아들여 1902년 6월, 베른에 있는 스위스 특허국을 찾아갔습니다.

특허국장은 무척 친절한 사람이었습니다. 알베르트에게

몇 가지를 묻더니 특허에 대해 아무 경험도 없는 알베르트를 선뜻 채용해 주었습니다.

"좋아요! 함께 일해 봅시다. 급료는 1년에 3,500프랑이요. 좀 적은 듯하지만 열심히 일하면 차차 올려 주겠소."

드디어 일자리를 얻은 알베르트는 하늘을 날 것만 같았습니다.

그런데 그 해 여름 아주 슬픈 소식이 전해졌습니다. 밀라노에 계신 아버지가 돌아가셨다는 것입니다.

서둘러 집으로 돌아간 알베르트는 슬픔에 잠겨 있는 어머니를 위로해 드렸습니다.

"어머니, 저랑 베른으로 가세요. 저도 이제 취직이 되었으니 충분히 함께 살 수 있어요."

"고맙다. 하지만 난 여기에 남고 싶구나. 네 동생 마야도 스위스에서 공부 중이니 나 혼자 충분히 살 수 있을 게다."

마음이 꿋꿋한 어머니는 밀라노에 혼자 남으셨습니다.

취리히에서 베른으로 집을 옮긴 알베르트는 특허국에서 열심히 일했습니다. 자기가 좋아하는 물리학과는 거리가 먼 일이었지만, 발명가들을 상대하는 일이 꽤 재미있었습니다.

그것은 남이 미처 생각하지 못한 독창적인 일에 대해 서로 의견을 나누는 것이기 때문에 알베르트와 잘 어울리는 일이었습니다.

그러나 물리학에 대한 알베르트의 열정은 식지 않았습니다. 특허국의 일을 빨리 끝내고 남은 시간에는 여전히 수수께끼로 남아 있는 여러 가지 과학 현상을 풀기 위해 꾸준히 연구를 했답니다.

그리고 대학을 함께 다녔던 친구들과 모여 철학과 과학에 대해서 서로 토론을 벌이기도 했습니다.

생활이 어느 정도 안정 되자, 알베르트는 대학 동창인 밀레바와 1903년 1월에 결혼을 해서 이듬해에 아들까지 낳았습니다.

그렇지만 알베르트를 더욱 기쁘게 한 것은 수학과 물리학은 물론이고 철학, 의학에 걸쳐 풍부한 지식을 갖춘 친구 벳소가 베른으로 이사 와 특허국에서 함께 일하게 된 것입니다.

두 사람은 늘 함께 붙어다니며 토론을 했습니다. 이 일은 알베르트의 물리학 연구에 많은 도움을 주었어요.

"알베르트, 자넨 아직까지도 절대 공간이니 시간이니 하는 정체도 모를 것들과 씨름을 하고 있나?"

"하하하, 하고 있지. 그것말고도 여러 가지를 생각하고 있는데, 풀릴 듯 풀릴 듯 하면서도 잘 풀리지 않아. 하지만 두고 보라고. 내가 그 놈의 시간과 공간을 꼭 붙잡고 말테니."

"그럼, 어느 정도 실마리를 찾았다는 얘기로군. 이거 정말 기대되는데."

상대성 이론을 발표하다

• • • 1905년, 알베르트 아인슈타인은 한꺼번에 다섯 편의 논문을 발표해서 세상을 깜짝 놀라게 했습니다.

제아무리 부지런하고 능력 있는 학자라도 일 년에 한 편의 논문을 발표하기도 힘든데, 고작 26살 먹은 젊은이가 한꺼번에 다섯 편의 논문을 발표했으니 사람들이 놀라지 않을 수 없었지요.

그러나 정작 사람들을 놀라게 한 것은 논문의 수가 아니라 내용이었습니다.

이 다섯 편의 논문 중에서 가장 유명한 것이 바로 '상대성 이론'인데, 이것은 그 동안 사람들이 서로 관계가 없다고 믿어 왔던 공간과 시간이 서로 관계가 있음을 밝혀 낸 것입니다.

이 논문이 발표되자, 많은 과학자들은 터무니없는 소리라고 비웃었습니다.

그도 그럴 것이 아인슈타인의 이론이 사실이라면, 과학자들이 200년 넘게 진리라고 믿어 온 뉴턴의 힘과 운동의 법칙을 근본에서부터 뒤엎는 일이 되기 때문입니다.

그렇지만 아인슈타인은 뉴턴의 법칙이 잘못되었으니 모두 뜯어 고쳐야 된다고 주장한 것이 아닙니다. 뉴턴이 정리한 것보다 더 넓고 무한한 범위에서 쓰일 수 있는 새로운 운동의 법칙을 찾아 낸 것입니다.

이것을 쉬운 예로 들어 설명하면, 우리가 살고 있는 지구가 평평하다고 믿어 왔던 옛날 사람들의 생각을 뒤엎고 지구는 둥글다고 말한 것과 같습니다.

좁은 지역을 조사할 때는 지구가 평평하다고 해도 크게 문제될 것이 없습니다. 그렇지만 넓은 대륙이나 바다를 조사할 때는 지구가 둥글다는 것을 생각하지 않으면 올바른 결론이 나올 수 없습니다.

마찬가지로 빛의 속도보다 훨씬 느린 물체의 운동에 대한 것은 뉴턴의 법칙이나 이론으로 충분히 설명할 수 있습니다.

그러나 빛의 속도처럼 빠른 운동에 대한 것은 뉴턴의 법칙으로는 도저히 설명할 수가 없답니다. 이것을 아인슈타인이 풀어 낸 것이지요.

아인슈타인은 이 논문에서 우리가 움직이지 않는다고 생각하는 별과 태양 역시 빠르게 움직이고 있는 우주에 속해 있기 때문에 끊임없이 움직인다고 주장하였습니다.

즉, 지구나 태양이나 별을 우주라는 기차에 타고 있는 승객이라고 한다면, 지구와 같은 떠돌이별은 달리는 기차 안에서 이리저리 돌아다니는 꼬마들이고 태양이나 별들은 점잖게 한 자리에 앉아 있는 어른들입니다.
 기차 안에서 보면 꼬마들만 움직이고 어른들은 움직이지 않는다고 생각하지만 기차 밖에서 보면 모두가 빠르게 움직이고 있다는 것입니다.

26살밖에 안 된 아인슈타인이 이제껏 그 누구도 생각하지 못했던, 지구를 벗어난 우주라는 드넓은 공간에서도 쓰일 수 있는 운동의 법칙을 찾아낸 것입니다.

아인슈타인은 이 논문을 완성한 후 너무 지쳐서 근 50일 정도를 꼼짝도 못 하고 누워 있었어요.

이토록 고생스럽게 만들어 낸 상대성 이론의 값어치를 제대로 알아보는 사람은 드물었습니다.

대부분의 과학자들은 상대성 이론보다 아인슈타인의 다른 논문에 더 큰 관심을 보였습니다. 그것은 상대성 이론이 너무 어렵게 정리된 때문이기도 했습니다.

독일 괴팅겐 대학에 헤르만 민코프스키라는 유명한 교수가 있었습니다. 이 사람은 아인슈타인이 대학을 다닐 때 수학을 가르쳤는데, 자기 강의 시간에 자주 빠지는 아인슈타인을 그리 좋게 보지 않았었습니다.

이 민코프스키 교수가 '물리학 연보'에 실린 아인슈타인의 상대성 이론을 보고 깜짝 놀랐습니다.

"알베르트 아인슈타인이라…… 아니, 이 녀석은 예전에 내가 수학을 가르쳤던 학생이 아닌가? 허허허, 대단한 일을 해냈군."

민코프스키 교수는 상대성 이론의 중요성을 금방 알아 보고 계속 읽어 보다가 혀를 끌끌 찼습니다.

"이 녀석…… 이거 봐라. 쯧쯧! 그 때 수학을 소홀히 하더니 이런 위대한 발견을 해 놓고도 이렇게 어렵게 정리를 해 놓았군. 이러니 사람들이 이해를 못 하지. 안 되겠어. 내가 좀 도와 주어야지."

민코프스키 교수는 아인슈타인이 주장한 시간과 공간의 관계를 수학의 기하 방법으로 쉽게 정리하고 그 결과를 1907년에 발표했습니다. 그제서야 사람들은 아인슈타인의 상대성 이론이 얼마나 뛰어난 것인지 알게 되었습니다.

물론 아인슈타인의 이름이 민코프스키 교수의 힘만으로 세상에 알려진 것만은 아니지요.

아인슈타인이 1905년에 이어 1906년에도 5편의 논문을 발표하고, 그 다음 해에도 5편의 논문을 잇달아 발표하자, 사람들은 놀라움에 입을 다물지 못했습니다.

"도대체 아인슈타인이 누구야?"

"박사 학위는 받았나? 어느 대학에 있대?"

그런데 그 위대한 인물이 대학이 아닌 특허국에서 기사로 일하는 서른도 안 된 젊은이라는 사실을 알고 모두들 얼이 빠져 버렸습니다.

"아니, 대학과 교육 위원회에선 뭘 하고 있는 거야? 이렇게 뛰어난 학자를 특허국에 놔 두고……. 이거 유태인이라고 차별하는 거야, 뭐야?"

이런 사람들 중에 취리히 주립 대학(아인슈타인이 다니던 취리히 연방 공과 대학과는 다르지만, 아인슈타인은 이 대학에서 박사 학위를 받았음)의 클라이너 교수가 있었습니다. 이 사람은 예전에 아인슈타인의 박사 학위 논문을 심사했는데, 그 때 아인슈타인의 뛰어난 이론에 감탄하여 그 이름을 기억하고 있었습니다.

"아인슈타인과 같은 인재를 우리 대학으로 데려오면 학교의 명예는 물론 물리학의 수준이 단번에 높아질 텐데……."

생각이 여기에 미치자, 클라이너 교수는 즉시 베른으로 가서 아인슈타인을 만났습니다.

"아인슈타인 군, 자넬 우리 대학의 교수로 맞이하고 싶은데……. 자넨 특허국에 있을 사람이 아니야. 훌륭한 대학에서 학문을 연구하고 학생들을 가르치는 것이 자네가 할 일이야."

클라이너 교수의 말을 듣는 순간, 아인슈타인은 대학을 졸업한 후 2년 동안이나 조교나 교사 자리를 찾아 헤메던

시절이 떠올랐습니다. 그런데 이제는 조교나 교사가 아니라 대학 교수 자리가 저절로 찾아온 것입니다.

　클라이너 교수의 권유로 아인슈타인은 1909년 취리히 주립 대학의 교수가 되어 새 학기부터 강의를 맡게 되었습니다.

아인슈타인이 7년 동안 근무한 특허국에 사표를 내자, 윗사람들은 어리둥절하며 고개를 갸웃거렸어요.

"아니, 이 사람아, 여길 그만두고서 어떻게 먹고 살려고 그래?"

"예…… 실은, 제가 이번에……취리히 대학의…… 교수로 가게 되어서……."

"뭐라고, 대학 교수? 옛끼, 이 사람아! 대학 교수는 아무나 되나? 자네가 대학 교수라면 난 대학 총장이야! 왜 사실대로 말 못하고 실없이 농담을 하고 그래?"

특허국 사람들은 자기들과 어울려 일하고 있는 이 어리숙한 유태인 젊은이가 세상을 뒤바꿔 놓을 위대한 과학자라는 사실을 꿈에도 모르고 있었습니다.

괴짜교수

···**아인슈타인 교수의** 강의는 아주 독특해서 큰 인기를 끌었습니다.

아인슈타인은 먼저 공부할 내용을 학생들에게 알려 준 다음, 그것에 대하여 학생들끼리 자유롭게 토론하도록 했어요. 그 후에 학생들이 잘 모르는 것을 재미있는 익살과 농담을 섞어 가며 쉽게 풀이해 주었답니다.

이런 교육 방법은 엄한 규율 속에서 선생님이 시키는 대로만 해야 했던 자신의 초등 학교 시절과 김나지움 시절의 쓰라린 경험을 거울삼아 모든 학생들이 자유스러운 분위기에서 공부할 수 있도록 배려한 것입니다.

 아인슈타인의 이름이 차츰 세상에 알려지자, 스위스는 물론 외국에서 열리는 강연회에 초청되는 일이 많아졌어요.

 1911년이 시작될 무렵, 아인슈타인은 오스트리아-헝가리 제국으로부터 프라하 대학의 정교수가 되어 달라는 초청장을 받았습니다.

 프라하 대학은 역사가 600년 정도 되는 유럽에서 아주 유명한 대학입니다.

 이런 유명한 대학의 정교수가 되는 것은 이름난 학자들도 대단한 명예로 생각하는 일이었습니다. 더구나 그 때까지 아인슈타인은 정교수가 아니어서 보수도 적게 받고 있었기 때문에 좀더 여유 있는 생활을 하고 싶었던 아인슈타인은 프라하 대학으로 거처를 옮겼습니다.

그러나 이것은 아주 잘못된 일이었어요.

오스트리아 헝가리 제국은 독일과 마찬가지로 군대 중심의 나라였습니다. 그래서 일을 할 때 무엇보다 엄격한 규칙과 격식을 가장 중요하게 여겼습니다.

대학 교수가 될 때에도 군인 같은 옷차림에 칼까지 차고 왕에게 충성을 맹세하는 의식을 치러야 했어요.

이런 것을 유달리 싫어하는 아인슈타인은 프라하 대학에 온 것을 곧 후회했습니다.

아인슈타인이 프라하에 온 지 6개월 정도 지났을 무렵, 친구 그로스만으로부터 편지가 왔습니다.

그로스만은 아인슈타인에게 자기가 교수로 있는 취리히 연방 공과 대학에서 함께 근무하는 게 어떠냐고 물어 왔습니다.

아인슈타인은 기쁨에 겨워 즉시 편지를 썼습니다.

고맙네, 친구, 예전에 나를 특허국에 취직할 수 있게 도와 주더니, 이번엔 우리가 함께 공부한 모교로 돌아갈 수 있게 해 주다니……. 이보다 더 기쁜 일이 어디 있겠는가? 모든 일을 잘 부탁하네.

그로스만의 노력으로 1912년 8월에 아인슈타인은 가족들과 함께 스위스 취리히로 돌아올 수 있었습니다.

이렇게 대학을 옮겨 다니고, 틈틈이 강연을 하는 바쁜 생활 가운데에서도 아인슈타인은 과학 연구를 게을리하지 않았어요.

1911년에는 '만유 인력이 빛의 진행에 미치는 영향에 대하여' 라는 제목으로 자신의 상대성 이론을 좀더 발전시킨 논문을 발표하였습니다.

이 논문에서 아인슈타인은 또 새로운 학설을 주장하여 많은 과학자들을 놀라게 했답니다.

그것은 태양이나 별처럼 중력이 크게 미치는 곳을 지나는 빛은 중력의 영향을 받아 휘어져 나간다는 것입니다.

만약, 아인슈타인의 이러한 주장이 사실이라면 그 동안 빛을 보고 관측했던 별들의 위치가 조금씩 달라질 수도 있는 엄청난 것이랍니다.

이번에도 많은 과학자들은 또 터무니없는 소리라며 아인슈타인을 비웃었어요.

그러나 아인슈타인의 주장이 옳다는 것이 증명되었고, 오늘날 우주 개발을 하는 데 중요한 기본 자료로 쓰이게 되었답니다.

아인슈타인이 활약하던 20세기 초에는 세계 여러 나라가 과학을 발전시키기 위해서 많은 노력을 하고 있었어요.

독일에서는 본래 자기 나라 사람이었던 아인슈타인을 베를린 대학으로 데려가기 위해 갖은 노력을 했습니다.

독일 정부의 끈질긴 권유에 아인슈타인은 스위스 국적을 절대 바꾸지 않는다는 조건 하에 베를린 대학으로 옮기기로 했습니다.

그런데 부인 밀레바는 베를린으로 가는 것에 찬성하지 않았어.

"저는 취리히를 떠나지 않겠어요. 정 가고 싶으면 당신 혼자 가도록 하세요."

아인슈타인은 고집이 센 밀레바를 달랠 방법을 찾지 못하고 가족들을 취리히에 둔 채 혼자 베를린으로 떠났습니다.

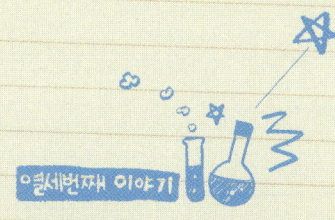

전쟁의 상처

●●●**베를린에서** 자리를 잡은 아인슈타인은 대학에서 가끔씩 재미있는 강연을 했습니다.

본래 아인슈타인이 베를린 대학으로 옮겨 온 것은 강의가 목적이 아니라 연구가 목적이었기 때문에, 강의를 어떻게 하느냐는 아인슈타인의 자유였습니다.

그렇지만 아인슈타인은 학생들을 열심히 가르쳤습니다. 아인슈타인의 독특하고 자유로운 강의는 학생들에게 큰 인기를 끌었어요.

당시 독일 역시 군대 중심의 나라였기 때문에, 대학이라하더라도 엄격한 규율 속에서 수업이 이루어졌는데, 아인슈타인이 이런 딱딱한 수업 분위기를 싹 바꾸어 놓았던 것입니다.

　아인슈타인은 프로이센 과학 아카데미에도 빠지지 않고 참석해서 새로이 발표되는 여러 과학 이론들을 배우려고 애를 썼습니다.

　그러나 아카데미 회의에서 열리는 토론은 대부분 보잘것없는 것뿐이어서, 늘 시간이 아깝다는 생각이 들었어요.

　아인슈타인의 베를린 생활은 그의 연구에 많은 도움을 주었답니다.

베를린 대학에서는 1주일에 한 번씩 물리학 자유 토론회를 열었는데, 여기에는 세계적으로 이름난 학자들이 많이 참석했습니다.

엑스 광선(방사선)으로 사진을 찍는 방법을 찾아 낸 막스 폰 라우에, 훗날 원자 폭탄을 만드는 근원이 된 핵분열을 발견하는 데 크게 공헌한 여류 물리학자 리제 마이트너, 그 밖에 제임스 프랑크, 구스타프 헤르츠 등이 참석하여 열띤 토론을 벌였습니다.

그러나 아인슈타인을 비롯한 과학자들이 토론과 강의에만 매달릴 수 없는 엄청난 전쟁이 1914년 여름에 일어났습니다.

이 전쟁은 발칸 반도에 있는 보스니아를 방문한 오스트리아 황태자 부부가 오스트리아를 미워하는 세르비아 청년에게 암살당한 것을 발단으로 시작되었습니다.

이 전쟁은 곧 유럽 전체로 번졌습니다.

오스트리아를 편드는 독일, 투르크(터키), 불가리아 등의 동맹국과 세르비아를 편드는 영국, 프랑스, 러시아 등의 연합국 간 전쟁이 4년여에 걸쳐서 계속되었습니다.

전쟁에 지게 되면 나라가 망하거나 국민이 아주 비참한

생활을 해야 하기 때문에, 어느 나라든 전쟁이 벌어지면 반드시 이기기 위해 온갖 수단을 가리지 않게 됩니다.

독일도 마찬가지였습니다. 온 국민이 나라를 사랑하는 마음으로 한데 똘똘 뭉쳤습니다.

"저쪽이 먼저 걸어온 싸움이다. 우리 독일은 오스트리아를 도와야 한다."

"전쟁에 반대하는 사람은 독일 국민이 아니다. 모두 무기를 들고 싸우자."

온 나라가 전쟁에 휘말리자, 과학자나 예술가들도 예외일 수 없었습니다.

많은 과학자들에게는 전쟁에 필요한 새로운 무기나 통신 장비를 만들어 내는 일이 맡겨졌고, 예술가들에게는 전쟁에 참가한 자신의 국가가 정의롭다는 것을 선전하도록 강요했습니다.

전쟁을 싫어하는 아인슈타인은 이런 일에 조금도 협력하지 않았습니다.

독일의 과학자와 문학가, 예술가들이 독일 정부가 벌이는 일을 지지하는 선언서를 만들어 발표할 때도 아인슈타인의 이름은 빠져 있었습니다.

아인슈타인의 이러한 행동은 독일 정부와 선언서에 서명한 과학자와 예술가들의 미움을 받기에 충분했습니다.
"아인슈타인은 대체 어느 편이야?"

"아니, 아무리 스위스 국적을 갖고 있더라도 독일에서 태어났으면 독일이 조국인데 이럴 수가 있어?"

"그래서 유태인 놈들은 안 돼. 나라야 어떻게 되든 간에 저만 살겠다고……. 에이, 더럽고 비겁한 녀석!"

그렇지만 이런 사람들이 욕하는 것처럼 아인슈타인이 용기가 없거나 조국을 싫어하고 저만 살려고 했던 것이 아닙니다.

아인슈타인은 선언서에 서명을 하지 않는 데 그지지 않고, 독일과 프랑스에 있는 전쟁을 싫어하는 사람들을 모아 전쟁을 반대하는 평화 운동을 벌였어요. 이러한 행동은 자칫 양쪽 모두에게 적으로 오해를 받아 목숨마저 잃을 수 있는 아주 위험한 일입니다.

실제로 '장 크리스토프'를 쓴 프랑스의 유명한 소설가 로맹 롤랑은 평화 운동을 벌이다가 위험을 느껴 스위스로 몸을 피하기도 했답니다.

아인슈타인은 롤랑과도 만나 평화 운동에 대해 많은 이야기를 나누었어요.

전쟁이 일어나면 군인들 뿐만 아니라 국민들도 많은 고생을 하게 됩니다. 베를린에서는 전쟁이 시작되자마자 식료품이 부족해져서 매일매일 먹을 것을 구하려는 사람들로 난리통을 이루었습니다.

다행히 아인슈타인은 주변 사람들의 도움으로 큰 불편 없이 지낼 수 있었습니다.

이렇게 어수선한 생활 속에서도 아인슈타인은 1916년 '일반 상대성 이론의 기초'라는 논문을 발표해서 세상 사람들을 깜짝 놀라게 만들었습니다.

이 논문에서 아인슈타인은 태양이 끌어당기는 힘을 가장 많이 받는 수성이 뉴턴의 운동의 법칙과 다르게 움직이는 까닭을 밝혀냈습니다.

이것은 뉴턴 이후의 많은 과학자들이 풀지 못했던 것인데, 아인슈타인이 상대성 이론을 적용하여 그 수수께끼를 푼 것입니다.

전쟁이 오래도록 계속되자, 처음엔 정부와 군대를 지지했던 사람들까지 전쟁 반대 운동을 벌이기 시작했습니다.

더구나 전세는 점점 독일을 비롯한 동맹국에게 불리하게 돌아갔습니다. 그 동안 중립을 지키고 있던 강대국 미국이 연합국을 지지하며 전쟁에 참가한 것입니다.

독일은 이미 전쟁을 계속할 힘을 잃었습니다. 이런 가운

데에서 1918년 10월 29일, 킬 군항에 있던 독일 해군들이 출동 명령에 따르지 않고 혁명을 일으켰습니다.

이것을 시작으로 혁명의 불길이 독일 전체로 번져 나가자, 독일 황제 빌헬름 2세는 네덜란드로 피신을 했습니다.

국회는 즉시 독일 제국을 대신할 공화국이 세워졌음을 선언하고 11월 11일 연합국과 휴전 조약을 맺었습니다.

이것으로 수백만 명의 목숨을 앗아간 제 1차 세계 대전은 끝이 났습니다.

    군대와 무기를 앞세워 강대국으로 발전하던 독일 제국은 덧없이 무너지고 말았습니다.

노벨 물리학상을 받은 아인슈타인

···전쟁에 진 독일은 연합국 측과 매우 굴욕적인 조약을 맺었습니다.

나라 안팎의 많은 영토를 내놓고 군사 시설과 군인의 수를 대폭 줄여야 했습니다. 그뿐만 아니라 1,320억 금마르크라는 어마어마한 돈을 전쟁 배상금으로 내놓아야 했습니다.

이 치욕적인 조약에 독일 국민들은 매우 분노했습니다. 패전에 직접적인 책임이 있는 군부는 이런 국민들의 감정을 이용했습니다.

"우리 군인들을 결코 전쟁에 지지 않았다. 서둘러서 이런 말도 안 되는 조약을 맺은 것은 지금의 공화국 사람들 책임이다."

"우리가 다 이긴 전쟁에서 패전한 것은 전쟁을 반대하던 평화주의자와 유태인 때문이다. 그들은 나라의 배신자다!"

날이 갈수록 사회는 더욱 혼란해졌습니다. 전쟁에 반대하던 사람들은 국민들의 미움을 받아 제대로 활동할 수가 없었습니다.

아인슈타인은 반 년쯤 스위스에 머물며 자신의 생활을 정리했습니다. 헤어져 살던 밀레바와 정식으로 이혼하고 베를린에서 자신를 돌봐 주던 엘자와 다시 결혼을 했습니다. 그리고 이제 연로해지신 어머니를 베를린으로 모셔와 함께 살게 되었습니다.

어머니는 어릴 때 얼간이라고 놀림을 받던 아들이 세계

적인 과학자가 된 것을 매우 자랑스럽게 여겼습니다.

1919년 3월 29일, 영국에서는 아인슈타인이 주장한 '빛도 중력의 영향을 받는다.' 는 이론을 일식 관측을 통해 실험하고, 그 해 11월, 수많은 과학자가 모인 회의에서 그 결과를 발표했습니다.

영국 왕립 학회의 회장인 톰슨이 연단에 올라와 감격에 찬 목소리로 말했습니다.

"아인슈타인 박사의 이론이야말로 뉴턴이 발견한 만유인력 법칙 이후 인력에 관한한 최고로 훌륭한 것입니다."

우레와 같은 박수가 터져 나왔습니다.

이어서 그리니치 천문대장이 일어나서 아인슈타인이 주장한 대로 태양 가장자리를 통과하는 빛은 태양의 인력 때문에 휘어진다는 것이 증명되었다고 보고했습니다. 다시 한 번 박수 소리가 회의장에 울려 퍼졌습니다.

이 소식은 전 세계로 퍼져나가 아인슈타인의 '상대성 이론' 이란 말이 온 세계의 유행어가 되었습니다.

그 후 아인슈타인은 유럽과 미국을 돌면서 수많은 강연을 했습니다.

아인슈타인이 세계 여러 곳을 여행하는 동안 독일의 사

정은 점점 나빠졌습니다.

"우리 조국 독일을 망친 것은 다름 아닌 전쟁을 반대하던 평화주의자, 공산주의자, 그리고 유태인들이다."

"전쟁을 반대하며 조국을 배반한 자들을 모두 없애자."

이렇게 나라가 혼란스러워지자, 1922년 6월에 독일의 외무 장관이 암살당하는 사건까지 일어났습니다.

부인 엘자는 행여 아인슈타인이 해를 입을까 두려워 네덜란드로 피하자고 졸랐습니다. 그러나 아인슈타인은 아무 걱정이 없는 듯 태평스러웠습니다.

"괜찮아요. 아무 일 없을 테니까 너무 걱정하지 않아도 돼요."

하지만 거듭되는 엘자의 청에 못이겨 네덜란드로 떠나 석 달쯤 머물렀습니다.

1921년 11월 10일, 아인슈타인은 아시아로 떠나는 배를 타고 있었습니다.

그 때 깜짝 놀랄 만한 소식이 전해졌습니다. 그것은 다름

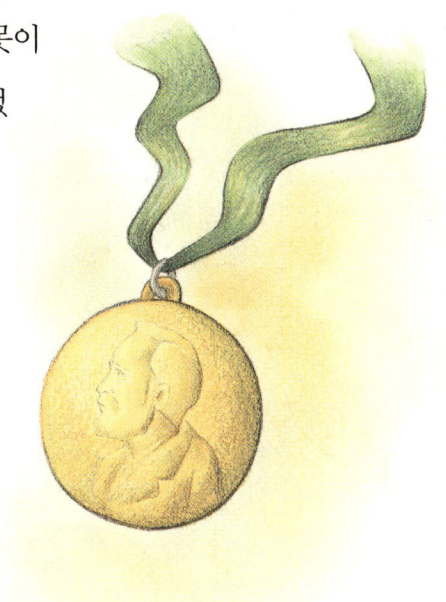

아닌 스웨덴의 노벨상 위원회가 아인슈타인에게 노벨 물리학상을 주기로 결정했다는 것입니다.

　아인슈타인은 이듬해 스웨덴에서 열리는 과학자 회의에 참석하는 길에 노벨 상을 받고, 스웨덴 국왕 앞에서 기념 강연도 했습니다. 그는 이 때 받은 상금을 모두 스위스에 있는 전 부인 밀레바와 두 아들의 생활비로 보내 주었습니다.

조국을 잃다

••• 1929년 가을, 세계 경제는 거센 폭풍을 만났습니다. 은행이 줄줄이 문을 닫고 뒤따라 많은 회사들이 쓰러졌습니다. 물건을 만들어도 팔리지 않았고 물건을 사고 싶어도 돈이 없었습니다. 그리고 돈을 벌려고 해도 일터가 없었습니다. 이것을 '세계 공황' 또는 '대공황'이라고 합니다.

이 대공황은 그렇지 않아도 어려운 독일을 곤경으로 몰고 갔습니다. 거리마다 실업자가 넘쳐났고, 곳곳에서 식료품과 생활 용품을 구하기 위해 아우성이었습니다.

이런 혼란을 틈타 히틀러가 이끄는 나치스가 점점 세력을 키워 나가더니 1933년에는 히틀러가 수상이 되어 국민들의 대표 기관인 의회를 없애 버렸습니다. 이제 히틀러와 나치스가 마음대로 나라를 다스리게 되었습니다.

히틀러는 독일이 다시 강대국이 되려면 게르만 민족이 중심이 되어 새로운 독일을 만들어야 한다고 주장했습니다. 즉, 게르만 민족이 세계에서 가장 뛰어난 민족이므로

세계를 지배해야 한다는 것입니다.

그리고 나라의 힘을 한데 모으기 위해서는 자기 말에 따라야 한다면서 나치스에 반대하는 사람들을 모두 잡아서 강제 수용소로 보냈습니다.

히틀러와 나치스가 가장 싫어하는 민족은 유태민족이었습니다.

"유태인은 사회의 어떤 분야에서든 지도층이 되어서는 안 된다. 관청, 학교, 연구소, 예술 단체 등에서 일하고 있는 유태인들을 모두 내보내라!"

많은 유태인들이 하루 아침에 일자리를 잃고 말았습니다.

그러나 이것은 시작에 불과했습니다. 나중에는 유태인들을 모두 강제 수용소로 보내어 중노동을 시키다가 독가스로 죽였는데 그 수가 650만 명이나 됩니다.

미국에 있던 아인슈타인은 히틀러가 유태인들을 내쫓기 시작했다는 소식을 듣고 급히 유럽으로 돌아왔습니다.

벨기에에서 독일의 사정을 자세히 들은 아인슈타인은 히틀러에게 항의했습니다.

"지금 독일은 병들어 가고 있습니다. 사람은 누구나 평등하고 자유롭게 살 수 있어야 합니다. 그러나 지금의 독일은 그렇지 못합니다!"

아인슈타인의 항의는 세계 여러 나라의 신문에 크게 실렸습니다.

히틀러를 비롯한 나치스 지도자들은 노발대발하며 아인슈타인의 독일 시민권과 재산을 모조리 빼앗고 독일에서 추방했습니다. 히틀러와 나치스는 거기에서 그치지 않고 아인슈타인을 죽이기 위해 5만 마르크라는 현상금까지 걸었습니다.

1933년 10월 아인슈타인은 부인 엘자와 함께 영국을 거쳐 미국으로 건너갔습니다.

이제 아인슈타인은 조국을 영원히 떠난 것입니다.

아인슈타인 부부는 미국의 한적한 시골에서 한가롭고 평화로운 나날을 보냈습니다.

그러나 이 단란했던 생활도 그리 오래가지 못했습니다. 그 동안 아인슈타인을 극진히 뒷바라지해 주던 부인 엘자가 1936년에 세상을 떠나고 말았던 것입니다.

엘자의 죽음은 세상일에 대해 잘 모르는 아인슈타인에게 더없이 큰 충격이었습니다.

60살이 다 된 아인슈타인은 의지할 데 없는 외톨이가 되었습니다. 그렇지만 세상은 아인슈타인에게 외로움을 느낄 시간마저 주지 않았습니다.

1939년 오랜 독재 정치로 강한 군대를 만든 나치스 독일이 세계 정복을 위해 여러 나라를 침략한 것입니다.

그리고 독일과 뜻을 같이하는 독재 국가 이탈리아와 일본이 여기에 합세했습니다. 이제 또다시 세계가 전쟁의 소용돌이 속으로 빨려 들어가게 된 것입니다.

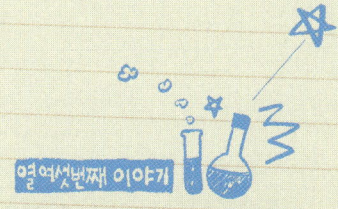

4차원의 세계로 떠난 과학자

•••1939년 여름, 아인슈타인이 머물고 있는 미국 롱아일랜드의 별장으로 두 명의 물리학자가 찾아왔습니다.

"아인슈타인 박사님, 도움이 필요해서 이렇게 찾아왔습니다."

"나 같은 늙은이가 도와 드릴 게 뭐가 있겠습니까?"

"박사님은 특수 상대성 이론에서 물질이 에너지로 바뀐다는 사실을 증명하셨지요. 그런데 그 에너지가 실제로 응용될 것 같습니다."

"허허, 그게 정말이오?"

이들이 지금 하고 있는 이야기는 다름 아닌 오늘날 세계 사람들이 두려워하고 있는 원자 폭탄에 관한 내용입니다.

"박사님, 이 사실을 나치스 독일도 알고 있는 게 분명합니다. 이번에 독일을 탈출한 마이트너라는 여성 과학자가 히틀러의 계획을 알려 왔습니다."

"마이트너 박사가?"

마이트너 박사는 아인슈타인이 독일에 있을 때 잘 알고

지내던 여성 과학자로 아인슈타인은 그의 뛰어난 과학 재능을 칭찬하며 '우리의 퀴리 부인'이라고 불렀었습니다.

"박사님, 만약 히틀러가 그런 무시무시한 폭탄을 만들어 내는 날이면 이 지구는 멸망하고 말 것입니다."

"큰일이군. 그럼, 내가 어떻게 하면 좋겠소?"

"박사님께서 루즈벨트 대통령에게 그런 엄청난 일이 일어나고 있다는 것을 알리고 미국이 먼저 그런 폭탄을 개발하도록 충고해 주십시오."

아인슈타인은 루즈벨트 대통령에게 편지를 썼습니다. 루즈벨트 대통령은 편지를 받고서 사태가 심각하다는 것을 알게 되었습니다. 그래서 비밀리에 '맨해튼 계획'이라는 것을 세워 원자 폭탄을 만들기 시작했습니다.

1941년 12월, 독일과 동맹을 맺고 아시아 여러 나라를 침략하던 일본이 드디어 미국까지 공격했습니다.

이제 유럽과 아시아 일부에서 벌어지던 전쟁이 세계로 번진 것입니다. 이것이 제2차 세계 대전입니다.

세계의 많은 나라가 독일과 일본, 이탈리아 동맹국에 맞서 싸웠습니다. 맨 먼저 이탈리아가 손을 들었습니다. 그리고 1945년 5월, 곳곳에서 전쟁을 벌이던 독일도 힘이 떨어져 항복을 했고, 수천만 명의 목숨을 빼앗은 히틀러는 스스로 목숨을 끊었습니다.

이제 남은 건 일본뿐이었습니다. 일본 역시 오랜 전쟁으로 힘을 잃고 마지막 발악을 하고 있었습니다.

1945년 8월 6일, 일본 히로시마에 사람들이 이제까지 듣도 보지도 못한 엄청난 폭탄이 떨어졌습니다.

폭탄이 터지는 순간 히로시마에 있는 모든 건물들은 폭풍에 쓸려 산산조각이 나고 수천 도의 뜨거운 불덩어리가 치솟아오르며 모든 것들을 태워 버렸습니다. 그리고 방사능은 소리없이 사람 몸 속으로 뚫고 들어가 목숨을 앗아갔습니다.

이 원자폭탄 한 개가 무려 20만 명의 목숨을 앗아간 것입니다.

아인슈타인은 이 놀라운 소식을 듣고 한 동안 입을 다물지 못했습니다.

"세상에 이럴 수가……. 이런 비극이 일어나다니……. 이게 무슨 야만스럽고 잔인한 짓인가. 그 무서운 폭탄을 죄 없는 사람들 머리에 떨어뜨리다니……."

아인슈타인은 루즈벨트에게 히틀러의 음모를 알리는 편

지를 보냈을 뿐, 폭탄을 만드는 일에 관여하지 않았지만, 큰 죄를 저지른 것 같아 온몸이 떨렸습니다.

오래 전 맨해튼 계획에 참여했던 과학자들도 원자 폭탄을 쓰면 절대로 안 된다고 미국 대통령과 육군 장관에게 청원서를 보냈지만 전쟁을 빨리 끝내고 싶었던 미국 정부와 군부가 폭탄을 사용한 것입니다.

그러나 일본은 항복하지 않았습니다.

8월 9일, 또 한 개의 원자 폭탄이 일본 나가사키에 떨어졌습니다. 그제서야 일본은 무조건 항복을 했습니다. 이것으로 온 세계를 아수라장으로 만들었던 제2차 세계 대전

은 끝이 났습니다.

　너무나 큰 희생에 아인슈타인은 할 말을 잃었습니다. 전쟁은 멈추게 했지만 평화는 지키지 못했다고 생각했던 것입니다. 아인슈타인은 고민을 하던 끝에 굳은 결심을 했습니다.

'어떻게든 두 번 다시 원자 폭탄이 쓰이지 않는 평화로운 세계를 만들어야 한다. 만약 다시 원자 폭탄을 쓰게 된다면 모든 인류가 멸망할 것이다.'

1946년 5월, 아인슈타인은 세계의 과학자들과 함께 '원자 과학자 협회'를 만들어 원자력의 위험성을 알리고 평화로운 세계를 만들기 위해 노력했습니다.

그러나 세상은 아인슈타인이 바라는 대로 움직이지 않았습니다.

미국에 이어 소련이 원자 폭탄을 갖게 되자, 미국은 그보다 더 강한 수소 폭탄을 만들어 냈습니다.

이제 미국과 소련, 그리고 세계의 강대국들이 너도나도 더 강한 핵무기 만들기 경쟁에 들어선 것입니다. 이러한 경쟁은 오늘날에도 계속되고 있습니다.

1952년 11월에 이스라엘 대통령이 죽자, 이스라엘 국민들은 아인슈타인에게 대통령이 되어 줄 것을 부탁했습니다. 그러나 아인슈타인은 공손히 거절했습니다.

이후에도 아인슈타인은 쉬지 않았습니다. 병든 몸을 이끌고 핵전쟁의 위험을 알리고 핵무기 개발을 막기 위해 모든 노력을 기울였습니다.

1955년 4월 15일, 몹시 지친 아인슈타인은 심장 발작을 일으키고 병원으로 옮겨졌습니다. 주사를 맞고 어느 정도 아픔이 가시자, 연구를 계속할 생각으로 종이와 펜을 가져오라고 했습니다. 아인슈타인은 문병을 온 가족과 친구들에게 다음과 같은 말을 남겼다고 합니다.

"세상에서 나의 일은 끝났다."

4월 18일 오후 1시, 76세의 아인슈타인이 숨을 거두었습니다. 아인슈타인의 사망 소식이 알려지자 많은 사람들이 슬퍼했습니다. 인도의 수상 네루는

"인류는 가장 고귀한 대표자 한 사람을 잃었습니다. 어두운 그림자가 점점 더 짙어가는 이 세계에서 어둠을 비추는 빛이 하나 꺼져 버렸습니다."

라며 그의 죽음을 진심으로 슬퍼했다고 합니다.

시간과 공간을 서로 분리되지 않은 '시공연속체'로 인식한 아인슈타인. 알베르트 아인슈타인은 3차원의 공간 세계에 시간을 더해 4차원의 세계를 만든 인류 최고의 과학자입니다.

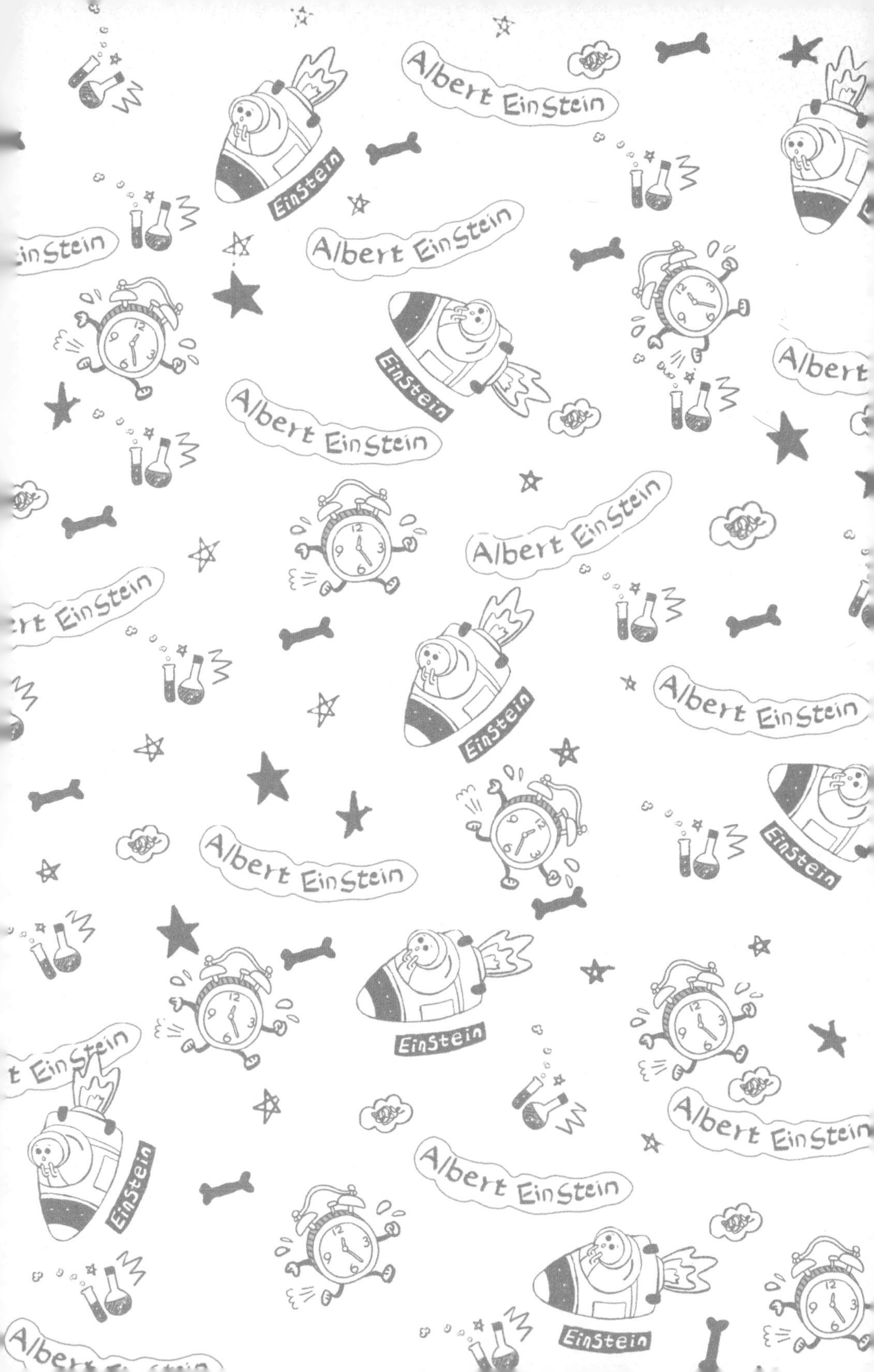
Albert EinStein
EinStein